2019
中国高技术产业统计年鉴

CHINA STATISTICAL YEARBOOK ON HIGH TECHNOLOGY INDUSTRY

国家统计局社会科技和文化产业统计司　编

Compiled by

Department of Social,Science and Technology,and Cultural Statistics National Bureau of Statistics

图书在版编目（CIP）数据

中国高技术产业统计年鉴. 2019 = 2019 CHINA STATISTICAL YEARBOOK ON HIGH TECHNOLOGY INSUSTRY : 汉英对照 / 国家统计局社会科技和文化产业统计司编. -- 北京 : 中国统计出版社, 2020.3
ISBN 978-7-5037-9131-4

Ⅰ. ①中… Ⅱ. ①国… Ⅲ. ①高技术产业－统计资料－中国－2019－年鉴－汉、英 Ⅳ. ①F279.244.4-54

中国版本图书馆 CIP 数据核字(2020)第 023604 号

中国高技术产业统计年鉴—2019

作　　者/国家统计局社会科技和文化产业统计司
责任编辑/徐　涛　焦智康
封面设计/李雪燕
出版发行/中国统计出版社
通信地址/北京市丰台区西三环南路甲 6 号　邮政编码/100073
电　　话/邮购（010）63376909　书店（010）68783171
网　　址/ http://www.zgtjcbs.com/
印　　刷/河北鑫兆源印刷有限公司
经　　销/新华书店
开　　本/880mm×1230mm　1/16
字　　数/384 千字
印　　张/12
版　　别/2020 年 3 月第 1 版
版　　次/2020 年 3 月第 1 次印刷
定　　价/280.00 元

本书附同版本 CD-ROM 一张，光盘内容以书面文字为准。
如有印装差错，由本社发行部调换。

《中国高技术产业统计年鉴—2019》

编辑委员会、编辑部

编辑说明

为反映我国高技术产业发展状况和国际竞争能力，满足国家宏观管理部门制订调整产业政策和产业发展规划的需要，我们根据国家统计局 2017 年颁布的《高技术产业（制造业）分类（2017）》，加工整理了这本高技术产业发展状况的统计资料书。

本书收集了 2018 年我国高技术产业生产经营、研发及相关活动等资料以及相关的国际比较数据，较为全面地描述了我国高技术产业发展的基本状况，是有关管理部门和社会各界了解我国高技术产业发展情况的主要资料工具书。

本书共分四个部分。第一部分主要反映高技术产业企业的生产经营情况。第二部分主要反映高技术产业企业的研发活动、新产品开发和销售、专利、技术获取和改造、企业办研发机构等情况。第三部分为国际比较资料，根据世界银行等国际组织公布的高技术产业统计资料整理。第四部分为附录，包括高技术产业（制造业）分类（2017）、对照修订说明和主要统计指标解释。

本书中的“空格”表示该项统计指标数据不足本表最小单位数、数据不详或无该项数据；书中因小数取舍而产生的误差均未做配平处理。按地区分组东部地区包括：北京、天津、河北、上海、江苏、浙江、福建、山东、广东和海南；中部地区包括：山西、安徽、江西、河南、湖北和湖南；西部地区包括：内蒙古、广西、重庆、四川、贵州、云南、西藏、陕西、甘肃、青海、宁夏和新疆；东北地区包括：辽宁、吉林和黑龙江。

目　录

Contents

第一部分　生产经营情况

Statistics on Production and Management

第二部分　R&D 及相关活动情况

Statistics on R&D and Related Activities

第三部分　国际比较情况
International Comparison

附　　录
Appendix

1

生产经营情况
Statistics on Production and Management

1-1-1　按行业分高技术产业生产经营情况(2018年)

Statistics on Production and Management in High-tech Industry by Industrial Sector(2018)

单位：个，人，亿元　　(unit,person,100 million yuan)

行　业	Industry	企业数 Number of Enter-prises	从业人员平均人数 Annual Average Number of Employed Personnel	营业收入 Revenue	利润总额 Profits
合计	**Total**	**33573**	**13176645**	**157001**	**10293**
医药制造业	**Manufacture of Medicines**	**7423**	**2019125**	**23918**	**3187**
#化学药品制造	Manufacture of Chemical Medicine	2334	892476	12372	1579
中成药生产	Manufacture of Finished Traditional Chinese Herbal Medicine	1587	498715	4490	644
生物药品制品制造	Manufacture of Biopharmaceutical Products	862	200847	2369	453
电子及通信设备制造业	**Manufacture of Electronic Equipment and Communication Equipment**	**17659**	**8237668**	**98634**	**5145**
电子工业专用设备制造	Manufacture of Special Equipment for Electronic Industry	808	137730	1196	77
光纤光缆及锂离子电池制造	Manufacture of Optical Fiber and Cable, and Lithium Ion Battery	1287	486801	6186	377
#锂离子电池制造	Manufacture of Lithium Ion Batteries	966	410171	4497	215
#通信设备、雷达及配套设备制造	Manufacture of Communication Equipment, Radar and Matching Equipment	2100	1941940	38214	1529
#通信系统设备制造	Manufacture of Communication System Equipment	924	651351	13496	1028
通信终端设备制造	Manufacture of Communication Terminal Equipment	1110	1242620	24211	469
雷达及配套设备制造	Manufacture of Radar and Related Equipment	66	47969	507	32
广播电视设备制造	Manufacture of Broadcasting and TV Equipment	622	181945	1309	91
非专业视听设备制造	Manufacture of Non-professional Audio-visual Equipment	1066	549308	7701	255
电子器件制造	Manufacture of Electronic Appliances	3854	1897096	19434	1151
#电子真空器件制造	Manufacture of Electronic Vacuum Appliances	433	141093	901	75
半导体分立器件制造	Manufacture of Semiconductor Discreting Appliances	390	153770	1326	100
集成电路制造	Manufacture of Integrate Circuit	596	296420	3664	412
光电子器件	Manufacture of Optoelectronic Devices	805	341244	3474	159
电子元件及电子专用材料制造	Manufacture of Electronic Components and Electronic Specialized Materials	6049	2342886	18109	1272
#电阻电容电感元件制造	Manufacture of Resistance, Capacitance and Inductance Components	1165	400727	2680	247
电子电路制造	Manufacture of Electronic Circuit	1249	630490	5207	321
电子专用材料制造	Manufacture of Electronic Specialized Materials	884	262004	3510	229
智能消费设备制造	Manufacturing of Intelligent Consumption Equipment	642	307186	3183	195
其他电子设备制造	Other Electronic Equipment	1231	392776	3302	198
计算机及办公设备制造业	**Manufacture of Computers and Office Equipments**	**2078**	**1341091**	**20207**	**623**
#计算机整机制造	Manufacture of Entired Computer	236	429388	12516	155
计算机零部件制造	Manufacture of Parts and Fixture for Computer	727	468876	3036	199
计算机外围设备制造	Manufacture of Computer Peripheral Equipment	577	219817	2387	123
办公设备制造	Manufacture of Office Equipment	262	109696	1051	67
医疗仪器设备及仪器仪表制造业	**Manufacture of Medical Equipments and Meters**	**5693**	**1116969**	**9794**	**1076**
#医疗仪器设备及器械制造	Manufacture of Medical Equipment and Appliances	1665	368328	2610	362
#医疗诊断、监护及治疗设备制造	Manufacture of Medical Diagnosis, Monitoring and Treatment Equipment	481	105872	938	154
医疗、外科及兽医用器械制造	Manufacture of Medical, Surgical and Veterinary Instruments	482	127640	812	91
通用仪器仪表制造	Manufacture of General Instruments	2627	466148	4820	485
专用仪器仪表制造	Manufacture of Special Instruments	845	157705	1494	146
信息化学品制造业	**Manufacture of Electronic Chemicals**	**239**	**56821**	**878**	**74**

注：本表数据口径为年主营业务收入2000万元及以上的工业企业法人单位。下表同。

1-2-1 各地区高技术产业生产经营情况(2018年)

Statistics on Production and Management in High-tech Industry by Region (2018)

单位：个，人，亿元 (unit,person,100 million yuan)

地区	Region	企业数 Number of Enterprises	从业人员平均人数 Annual Average Number of Employed Personnel	营业收入 Revenue	利润总额 Profits
全国	**Total**	**33573**	**13176645**	**157001**	**10293**
东部地区	Eastern Region	22147	9083229	110569	7016
中部地区	Middle Region	6449	2288369	23975	1545
西部地区	Western Region	4019	1517366	19562	1300
东北地区	Northeastern Region	958	287681	2896	432
北京	Beijing	799	261216	5314	401
天津	Tianjin	452	186944	2667	157
河北	Hebei	650	197180	1596	125
山西	Shanxi	170	153374	1298	61
内蒙古	Inner Mongolia	93	36616	403	21
辽宁	Liaoning	456	157191	1825	246
吉林	Jilin	346	76582	653	142
黑龙江	Heilongjiang	156	53908	418	44
上海	Shanghai	1027	487401	7566	368
江苏	Jiangsu	4870	2219628	26160	1784
浙江	Zhejiang	2785	774152	7493	754
安徽	Anhui	1456	325467	3996	255
福建	Fujian	1005	431427	5789	450
江西	Jiangxi	1305	456463	4753	337
山东	Shandong	1978	614533	6989	600
河南	Henan	1123	623599	6064	355
湖北	Hubei	1136	358114	4340	304
湖南	Hunan	1259	371352	3523	233
广东	Guangdong	8525	3891065	46747	2342
广西	Guangxi	355	126930	1439	108
海南	Hainan	56	19683	248	36
重庆	Chongqing	696	316955	5305	245
四川	Sichuan	1283	516303	6943	378
贵州	Guizhou	475	127116	1198	74
云南	Yunnan	254	60909	710	108
西藏	Tibet	8	1372	11	4
陕西	Shaanxi	597	257504	2847	281
甘肃	Gansu	119	28734	237	33
青海	Qinghai	44	11857	105	10
宁夏	Ningxia	43	16407	186	10
新疆	Xinjiang	52	16663	178	28

1-2-2 按地区和企业规模分高技术产业生产经营情况(2018年)
Statistics on Production and Management in High-tech Industry by Region and Scale of Enterprises(2018)

单位: 个，人，亿元 (unit,perosn,100 million yuan)

地区	Region	大型企业 Large-sized Enterprises			
		企业数 Number of Enterprises	从业人员平均人数 Annual Average Number of Employed Personnel	营业收入 Revenue	利润总额 Profits
全国	**Total**	**1874**	**6996456**	**95822**	**5631**
东部地区	Eastern Region	1315	4869520	70861	4159
中部地区	Middle Region	283	1211553	12696	706
西部地区	Western Region	232	789448	10902	560
东北地区	Northeastern Region	44	125935	1362	207
北京	Beijing	44	109766	3152	140
天津	Tianjin	31	89688	1494	105
河北	Hebei	17	102501	830	84
山西	Shanxi	13	115684	1065	50
内蒙古	Inner Mongolia	7	17139	229	4
辽宁	Liaoning	27	79830	1016	151
吉林	Jilin	11	21017	181	42
黑龙江	Heilongjiang	6	25088	165	14
上海	Shanghai	73	301617	4918	150
江苏	Jiangsu	355	1271696	15830	931
浙江	Zhejiang	104	270485	3215	390
安徽	Anhui	43	119775	1891	106
福建	Fujian	56	219392	3256	233
江西	Jiangxi	79	222146	2101	157
山东	Shandong	76	318973	4507	356
河南	Henan	57	411794	4315	178
湖北	Hubei	61	176815	2150	119
湖南	Hunan	30	165339	1175	96
广东	Guangdong	557	2181654	33645	1768
广西	Guangxi	18	48411	644	32
海南	Hainan	2	3748	13	2
重庆	Chongqing	52	171222	3595	105
四川	Sichuan	61	283402	3670	116
贵州	Guizhou	19	52580	433	19
云南	Yunnan	16	24739	281	56
西藏	Tibet				
陕西	Shaanxi	44	158975	1677	168
甘肃	Gansu	4	12668	118	23
青海	Qinghai	2	3403	21	2
宁夏	Ningxia	4	7924	104	13
新疆	Xinjiang	5	8985	128	22

1-2-2 续表 continued

单位：个，人，亿元 (unit,perosn,100 million yuan)

地区	Region	中型企业 Medium-sized Enterprises			
		企业数 Number of Enterprises	从业人员平均人数 Annual Average Number of Employed Personnel	营业收入 Revenue	利润总额 Profits
全国	**Total**	**5905**	**3265580**	**31724**	**2735**
东部地区	Eastern Region	4050	2262382	21557	1736
中部地区	Middle Region	990	525612	4841	410
西部地区	Western Region	716	400989	4490	439
东北地区	Northeastern Region	149	76597	836	150
北京	Beijing	141	72484	989	158
天津	Tianjin	79	50610	723	21
河北	Hebei	78	40741	348	9
山西	Shanxi	34	22817	123	8
内蒙古	Inner Mongolia	17	10355	102	11
辽宁	Liaoning	74	39132	480	75
吉林	Jilin	48	23384	236	56
黑龙江	Heilongjiang	27	14081	120	19
上海	Shanghai	193	95478	1464	103
江苏	Jiangsu	960	523903	5510	511
浙江	Zhejiang	469	249283	2360	238
安徽	Anhui	162	87443	812	49
福建	Fujian	211	122268	1439	146
江西	Jiangxi	223	117519	1174	88
山东	Shandong	242	136109	1396	169
河南	Henan	219	116989	924	113
湖北	Hubei	163	82045	851	83
湖南	Hunan	189	98799	956	70
广东	Guangdong	1660	962036	7158	354
广西	Guangxi	76	48967	479	59
海南	Hainan	17	9470	171	28
重庆	Chongqing	160	90103	855	84
四川	Sichuan	238	125595	1847	150
贵州	Guizhou	59	37220	334	33
云南	Yunnan	25	15253	134	24
西藏	Tibet	2	710	8	4
陕西	Shaanxi	97	51887	535	57
甘肃	Gansu	16	7861	57	8
青海	Qinghai	10	4939	69	8
宁夏	Ningxia	8	4324	47	-2
新疆	Xinjiang	8	3775	24	4

1-2-3　按地区和登记注册类型分高技术产业生产经营情况(2018年)
Statistics on Production and Management in High-tech Industry by Region and Registration Status (2018)

单位：个，人，亿元　　(unit,person,100 million yuan)

地　区	Region	内资企业 Domestic Funded			
		企业数 Number of Enterprises	从业人员平均人数 Annual Average Number of Employed Personnel	营业收入 Revenue	利润总额 Profits
全　国	**Total**	**26886**	**7679913**	**90882**	**6939**
东部地区	Eastern Region	16300	4634909	58697	4339
中部地区	Middle Region	6079	1684282	17012	1330
西部地区	Western Region	3674	1146502	13347	1046
东北地区	Northeastern Region	833	214220	1827	225
北　京	Beijing	628	161292	2077	240
天　津	Tianjin	276	81260	822	70
河　北	Hebei	604	135980	1070	57
山　西	Shanxi	162	71033	452	31
内蒙古	Inner Mongolia	86	29006	345	19
辽　宁	Liaoning	367	108513	946	57
吉　林	Jilin	321	72392	604	132
黑龙江	Heilongjiang	145	33315	277	36
上　海	Shanghai	526	130241	1498	119
江　苏	Jiangsu	3198	837346	10044	938
浙　江	Zhejiang	2368	562734	5294	502
安　徽	Anhui	1391	294261	3143	243
福　建	Fujian	720	222176	2558	274
江　西	Jiangxi	1186	383721	4134	295
山　东	Shandong	1656	427638	4702	416
河　南	Henan	1083	394937	3020	317
湖　北	Hubei	1051	290697	3545	243
湖　南	Hunan	1206	249633	2717	200
广　东	Guangdong	6280	2060837	30417	1690
广　西	Guangxi	297	87098	1187	86
海　南	Hainan	44	15405	215	34
重　庆	Chongqing	591	188112	2575	200
四　川	Sichuan	1185	369891	4584	306
贵　州	Guizhou	454	109996	981	69
云　南	Yunnan	244	55910	666	105
西　藏	Tibet	8	1372	11	4
陕　西	Shaanxi	558	233891	2321	180
甘　肃	Gansu	119	28734	237	33
青　海	Qinghai	43	11495	101	10
宁　夏	Ningxia	39	15691	181	11
新　疆	Xinjiang	50	15306	158	23

1-2-3 续表 1 continued

单位：个，人，亿元 (unit,person,100 million yuan)

地区	Region	#国有企业 State-owned Enterprises 企业数 Number of Enterprises	从业人员平均人数 Annual Average Number of Employed Personnel	营业收入 Revenue	利润总额 Profits
全国	**Total**	**102**	**97692**	**982**	**65**
东部地区	Eastern Region	36	33105	311	21
中部地区	Middle Region	32	34436	468	28
西部地区	Western Region	29	26814	182	16
东北地区	Northeastern Region	5	3337	20	0
北京	Beijing	11	8643	87	8
天津	Tianjin	2	972	3	0
河北	Hebei	4	2640	15	0
山西	Shanxi	6	6083	51	4
内蒙古	Inner Mongolia	2	1815	31	1
辽宁	Liaoning	2	2350	15	1
吉林	Jilin	2	494	1	0
黑龙江	Heilongjiang	1	493	4	-1
上海	Shanghai	4	2020	14	1
江苏	Jiangsu	5	8919	72	7
浙江	Zhejiang	2	724	9	1
安徽	Anhui	9	12594	137	13
福建	Fujian				
江西	Jiangxi	4	6758	196	6
山东	Shandong	2	6229	101	2
河南	Henan	5	61	37	3
湖北	Hubei	3	3056	13	0
湖南	Hunan	5	5884	34	1
广东	Guangdong	5	2386	6	0
广西	Guangxi	3	496	1	0
海南	Hainan	1	572	6	1
重庆	Chongqing	2	489	2	0
四川	Sichuan	1	1512	18	2
贵州	Guizhou	4	2586	4	-1
云南	Yunnan	4	882	30	10
西藏	Tibet				
陕西	Shaanxi	11	18748	94	4
甘肃	Gansu	1	146	1	0
青海	Qinghai	1	140	0	0
宁夏	Ningxia				
新疆	Xinjiang				

1-2-3　续表 2　continued

单位：个，人，亿元　　(unit,person,100 million yuan)

地　区	Region	港澳台投资企业 Enterprises with Funds from Hong Kong, Macau and Taiwan			
		企业数 Number of Enterprises	从业人员平均人数 Annual Average Number of Employed Personnel	营业收入 Revenue	利润总额 Profits
全　国	**Total**	**2933**	**2722234**	**30420**	**1451**
东部地区	Eastern Region	2555	2017142	21289	1241
中部地区	Middle Region	189	494498	5984	135
西部地区	Western Region	147	197034	3012	60
东北地区	Northeastern Region	42	13560	135	15
北　京	Beijing	49	29392	2138	48
天　津	Tianjin	30	16140	202	14
河　北	Hebei	11	23909	310	44
山　西	Shanxi	4	67346	759	20
内蒙古	Inner Mongolia	5	7366	58	2
辽　宁	Liaoning	28	10457	109	13
吉　林	Jilin	8	1462	15	2
黑龙江	Heilongjiang	6	1641	11	1
上　海	Shanghai	144	113400	2255	93
江　苏	Jiangsu	561	537211	5531	338
浙　江	Zhejiang	181	95601	1036	179
安　徽	Anhui	31	20786	757	5
福　建	Fujian	158	123695	1749	135
江　西	Jiangxi	70	41983	291	19
山　东	Shandong	63	36005	535	78
河　南	Henan	19	214262	2969	31
湖　北	Hubei	32	40023	458	31
湖　南	Hunan	33	110098	751	29
广　东	Guangdong	1353	1039340	7519	312
广　西	Guangxi	39	29427	215	20
海　南	Hainan	5	2449	14	2
重　庆	Chongqing	44	68865	1323	15
四　川	Sichuan	29	79946	1308	18
贵　州	Guizhou	11	2411	19	-1
云　南	Yunnan	7	4247	37	3
西　藏	Tibet				
陕　西	Shaanxi	11	4666	51	4
甘　肃	Gansu				
青　海	Qinghai				
宁　夏	Ningxia	1	106	1	0
新　疆	Xinjiang				

1-2-3 续表 3 continued

单位：个，人，亿元 (unit,person,100 million yuan)

地　区	Region	外商投资企业 Foreign Funded Enterprises 企业数 Number of Enterprises	从业人员平均人数 Annual Average Number of Employed Personnel	营业收入 Revenue	利润总额 Profits
全　国	**Total**	**3754**	**2774498**	**35699**	**1903**
东部地区	Eastern Region	3292	2431178	30583	1436
中部地区	Middle Region	181	109589	979	80
西部地区	Western Region	198	173830	3203	195
东北地区	Northeastern Region	83	59901	934	192
北　京	Beijing	122	70532	1099	113
天　津	Tianjin	146	89544	1643	73
河　北	Hebei	35	37291	216	25
山　西	Shanxi	4	14995	87	10
内蒙古	Inner Mongolia	2	244	0	0
辽　宁	Liaoning	61	38221	770	176
吉　林	Jilin	17	2728	34	9
黑龙江	Heilongjiang	5	18952	130	8
上　海	Shanghai	357	243760	3814	156
江　苏	Jiangsu	1111	845071	10584	508
浙　江	Zhejiang	236	115817	1162	74
安　徽	Anhui	34	10420	95	7
福　建	Fujian	127	85556	1483	42
江　西	Jiangxi	49	30759	329	23
山　东	Shandong	259	150890	1752	106
河　南	Henan	21	14400	75	7
湖　北	Hubei	53	27394	337	29
湖　南	Hunan	20	11621	55	4
广　东	Guangdong	892	790888	8811	340
广　西	Guangxi	19	10405	36	2
海　南	Hainan	7	1829	20	0
重　庆	Chongqing	61	59978	1407	30
四　川	Sichuan	69	66466	1051	54
贵　州	Guizhou	10	14709	199	5
云　南	Yunnan	3	752	7	0
西　藏	Tibet				
陕　西	Shaanxi	28	18947	474	97
甘　肃	Gansu				
青　海	Qinghai	1	362	4	0
宁　夏	Ningxia	3	610	5	-1
新　疆	Xinjiang	2	1357	21	6

1-2-4 按地区和行业分高技术产业生产经营情况(2018年)
Statistics on Production and Management in High-tech Industry by Region and Industrial Sector (2018)

单位：个，人，亿元 (unit,person,100 million yuan)

地区	Region	医药制造业 Medical and Pharmaceutical Products Manufacturing			
		企业数 Number of Enterprises	从业人员平均人数 Annual Average Number of Employed Personnel	营业收入 Revenue	利润总额 Profits
全国	**Total**	**7423**	**2019125**	**23918**	**3187**
东部地区	Eastern Region	3222	1010100	13148	1898
中部地区	Middle Region	2156	510679	5536	560
西部地区	Western Region	1530	359920	3795	466
东北地区	Northeastern Region	515	138426	1439	263
北京	Beijing	217	77867	1153	205
天津	Tianjin	91	41575	519	64
河北	Hebei	272	84336	911	105
山西	Shanxi	96	31213	212	20
内蒙古	Inner Mongolia	48	20379	155	21
辽宁	Liaoning	140	36763	550	90
吉林	Jilin	272	62799	562	133
黑龙江	Heilongjiang	103	38864	327	41
上海	Shanghai	203	55748	874	110
江苏	Jiangsu	645	198335	3424	447
浙江	Zhejiang	430	136927	1433	226
安徽	Anhui	480	69837	900	74
福建	Fujian	150	32138	338	52
江西	Jiangxi	387	92132	1078	112
山东	Shandong	716	239036	2678	384
河南	Henan	449	133142	1146	139
湖北	Hubei	403	119554	1277	142
湖南	Hunan	341	64801	922	72
广东	Guangdong	445	126890	1588	270
广西	Guangxi	153	30557	172	26
海南	Hainan	53	17248	230	35
重庆	Chongqing	133	41746	538	53
四川	Sichuan	471	113908	1332	153
贵州	Guizhou	157	35973	291	38
云南	Yunnan	163	33460	386	58
西藏	Tibet	8	1372	11	4
陕西	Shaanxi	214	47967	650	78
甘肃	Gansu	99	13811	112	23
青海	Qinghai	26	4662	21	2
宁夏	Ningxia	22	6950	54	-1
新疆	Xinjiang	36	9135	74	12

1-2-4 续表 2 continued

单位：个，人，亿元 (unit,person,100 million yuan)

地区	Region	电子及通信设备制造业 Manufacture of Electronic Equipment and Communication Equipment			
		企业数 Number of Enterprises	从业人员平均人数 Annual Average Number of Employed Personnel	营业收入 Revenue	利润总额 Profits
全国	**Total**	**17659**	**8237668**	**98634**	**5145**
东部地区	Eastern Region	12977	6126019	74999	3736
中部地区	Middle Region	2937	1403006	14623	746
西部地区	Western Region	1536	641007	8209	532
东北地区	Northeastern Region	209	67636	804	131
北京	Beijing	248	89262	2960	95
天津	Tianjin	232	104073	1531	62
河北	Hebei	212	78474	461	-5
山西	Shanxi	44	110147	997	33
内蒙古	Inner Mongolia	37	13665	214	-2
辽宁	Liaoning	156	53511	708	125
吉林	Jilin	38	7851	58	7
黑龙江	Heilongjiang	15	6274	38	-1
上海	Shanghai	447	266742	3899	158
江苏	Jiangsu	2655	1402118	15259	836
浙江	Zhejiang	1540	461175	4686	386
安徽	Anhui	706	196071	2049	137
福建	Fujian	622	316307	3870	306
江西	Jiangxi	702	281285	2975	187
山东	Shandong	734	256441	3001	147
河南	Henan	342	390700	4188	144
湖北	Hubei	478	171955	2291	125
湖南	Hunan	665	252848	2123	120
广东	Guangdong	6285	3150610	39318	1751
广西	Guangxi	127	75913	857	36
海南	Hainan	2	817	13	1
重庆	Chongqing	282	122912	1965	108
四川	Sichuan	570	241583	2756	144
贵州	Guizhou	232	53829	673	26
云南	Yunnan	57	23704	268	48
西藏	Tibet				
陕西	Shaanxi	184	81176	1148	141
甘肃	Gansu	11	11697	106	7
青海	Qinghai	16	6811	83	8
宁夏	Ningxia	10	7239	113	11
新疆	Xinjiang	10	2478	25	6

1-2-4　续表 3　continued

单位：个，人，亿元　(unit,person,100 million yuan)

地　区	Region	计算机及办公设备制造业 Manufacture of Computer and Office Equipments 企业数 Number of Enterprises	从业人员平均人数 Annual Average Number of Employed Personnel	营业收入 Revenue	利润总额 Profits
全　国	**Total**	**2078**	**1341091**	**20207**	**623**
东部地区	Eastern Region	1570	993117	13340	416
中部地区	Middle Region	211	104924	1561	55
西部地区	Western Region	281	235674	5246	150
东北地区	Northeastern Region	16	7376	61	2
北　京	Beijing	42	13734	425	11
天　津	Tianjin	17	19526	427	16
河　北	Hebei	12	2407	10	0
山　西	Shanxi	3	2032	6	0
内蒙古	Inner Mongolia	1	120	0	0
辽　宁	Liaoning	12	5478	40	1
吉　林	Jilin	2	1692	16	1
黑龙江	Heilongjiang	2	206	5	0
上　海	Shanghai	55	84112	1929	7
江　苏	Jiangsu	278	345296	4179	141
浙　江	Zhejiang	99	29987	285	17
安　徽	Anhui	47	33449	827	19
福　建	Fujian	70	50554	1175	53
江　西	Jiangxi	50	28827	185	16
山　东	Shandong	63	50119	763	31
河　南	Henan	35	11159	84	6
湖　北	Hubei	32	20436	370	9
湖　南	Hunan	44	9021	89	5
广　东	Guangdong	934	397382	4146	139
广　西	Guangxi	30	12949	369	44
海　南	Hainan				
重　庆	Chongqing	172	125126	2617	65
四　川	Sichuan	50	93905	2185	37
贵　州	Guizhou	15	2018	37	1
云　南	Yunnan	7	1020	29	2
西　藏	Tibet				
陕　西	Shaanxi	5	438	6	1
甘　肃	Gansu				
青　海	Qinghai				
宁　夏	Ningxia				
新　疆	Xinjiang	1	98	3	0

1-2-4 续表 4 continued

单位：个，人，亿元 (unit,person,100 million yuan)

地 区	Region	医疗仪器设备及仪器仪表制造业 Manufacture of Medical Equipments and Measuring Instrument			
		企业数 Number of Enterprises	从业人员平均人数 Annual Average Number of Employed Personnel	营业收入 Revenue	利润总额 Profits
全 国	**Total**	**5693**	**1116969**	**9794**	**1076**
东部地区	Eastern Region	4041	812820	7411	842
中部地区	Middle Region	1005	179749	1450	144
西部地区	Western Region	465	92653	736	71
东北地区	Northeastern Region	182	31747	197	19
北 京	Beijing	249	46727	458	65
天 津	Tianjin	92	14237	136	12
河 北	Hebei	127	22664	149	21
山 西	Shanxi	23	4397	55	6
内 蒙 古	Inner Mongolia	4	609	2	0
辽 宁	Liaoning	121	21912	148	15
吉 林	Jilin	33	3816	16	3
黑 龙 江	Heilongjiang	28	6019	33	2
上 海	Shanghai	301	53785	622	84
江 苏	Jiangsu	1197	244683	2846	307
浙 江	Zhejiang	684	142030	1035	129
安 徽	Anhui	205	23197	200	24
福 建	Fujian	141	24436	194	25
江 西	Jiangxi	135	35411	217	17
山 东	Shandong	439	64122	518	39
河 南	Henan	273	63459	485	52
湖 北	Hubei	182	26665	232	17
湖 南	Hunan	187	26620	261	28
广 东	Guangdong	811	200136	1453	159
广 西	Guangxi	42	7204	29	2
海 南	Hainan				
重 庆	Chongqing	105	26109	175	18
四 川	Sichuan	143	26824	236	24
贵 州	Guizhou	32	3145	21	1
云 南	Yunnan	22	2487	23	1
西 藏	Tibet				
陕 西	Shaanxi	100	23398	230	24
甘 肃	Gansu	6	721	4	1
青 海	Qinghai	2	384	1	0
宁 夏	Ningxia	7	1607	15	1
新 疆	Xinjiang	2	165	0	0

1-2-5 按地区分国有及国有控股企业高技术产业生产经营情况(2018年)

Statistics on Production and Management in High-tech Industry of State-owned and State-controlled Enterprises by Region (2018)

单位：个，人，亿元 (unit,person,100 million yuan)

地 区	Region	企业数 Number of Enterprises	从业人员平均人数 Annual Average Number of Employed Personnel	营业收入 Revenue	利润总额 Profits
全 国	**Total**	**1696**	**1494751**	**17946**	**1091**
东部地区	Eastern Region	873	732838	9755	606
中部地区	Middle Region	313	289848	3184	207
西部地区	Western Region	432	389260	4228	222
东北地区	Northeastern Region	78	82805	778	55
北 京	Beijing	165	87097	1151	91
天 津	Tianjin	86	37921	461	26
河 北	Hebei	39	33681	285	10
山 西	Shanxi	22	17024	120	8
内蒙古	Inner Mongolia	14	12477	205	-2
辽 宁	Liaoning	39	53112	548	28
吉 林	Jilin	27	9982	86	21
黑龙江	Heilongjiang	12	19711	145	6
上 海	Shanghai	108	63670	685	38
江 苏	Jiangsu	140	95296	1400	95
浙 江	Zhejiang	60	52149	991	133
安 徽	Anhui	75	65778	923	65
福 建	Fujian	44	42185	651	51
江 西	Jiangxi	36	37162	521	29
山 东	Shandong	67	94864	1716	112
河 南	Henan	39	40680	349	20
湖 北	Hubei	86	86581	915	35
湖 南	Hunan	55	42623	356	49
广 东	Guangdong	160	224528	2389	46
广 西	Guangxi	16	5996	54	7
海 南	Hainan	4	1447	27	3
重 庆	Chongqing	53	44244	560	45
四 川	Sichuan	117	117033	1734	55
贵 州	Guizhou	53	42066	309	19
云 南	Yunnan	31	7696	123	22
西 藏	Tibet	1	407	2	0
陕 西	Shaanxi	115	147113	1139	54
甘 肃	Gansu	16	9095	83	21
青 海	Qinghai	4	1069	4	-2
宁 夏	Ningxia				
新 疆	Xinjiang	12	2064	16	3

1-3-1　按行业分高技术产业生产经营情况(2018年)
Statistics on Investment in High-tech Industry by Industrial Sector(2018)

单位：%　　(percent)

行　业	Industry	全部投资 Growth Rate of Investment	国　有 State-owned Enterprises	内　资 Domestic Funded	港澳台投资 Funds from Hong Kong, Macau and Taiwan	外商投资 Foreign Funded Enterprises
合计	**Total**	**16.1**	**15.0**	**15.0**	**2.7**	**33.4**
医药制造业	Manufacture of Medicines	4.0	18.9	6.1	-1.2	-28.1
电子及通信设备制造业	Manufacture of Electronic Equipment and Communication Equipment	21.5	9.2	18.8	5.7	45.8
计算机及办公设备制造业	Manufacture of Computers and Office Equipments	9.7	-9.0	-3.0	24.3	60.8
医疗仪器设备及仪器仪表制造业	Manufacture of Medical Equipments and Meters	20.0	94.3	22.1	4.4	-2.0
信息化学品制造业	Manufacture of Electronic Chemicals	-28.3	19.4	-10.1	-86.9	-80.8

注：本表数据口径为年主营业务收入2000万元及以上的工业企业法人单位。下表同。

1-4-1　各地区高技术产业投资情况(2018年)
Statistics on Investment in High-tech Industry by Region (2018)

单位：%　　　　(percent)

地　区	Region	全部投资 Growth Rate of Investment	国　有 State-owned Enterprises	内　资 Domestic Funded	港澳台投资 Funds from Hong Kong, Macau and Taiwan	外商投资 Foreign Funded Enterprises
全　国	**Total**	**16.1**	**15.0**	**15.0**	**2.7**	**33.4**
北　京	Beijing	-41.6	-39.2	-19.1	-20.5	-62.5
天　津	Tianjin	-9.3	-9.7	-45.9	95.1	32.5
河　北	Hebei	8.3	123.9	7.6	15.6	39.5
山　西	Shanxi	10.1	11.6	1.3	23.9	400.0
内蒙古	Inner Mongolia	20.0	-51.0	22.4	-87.1	60.3
辽　宁	Liaoning	8.0	23.5	-10.8	-12.7	16.6
吉　林	Jilin	-12.8	6.7	-11.5	-33.1	-40.3
黑龙江	Heilongjiang	27.8	31.3	23.7	22.6	75.1
上　海	Shanghai	48.0	213.4	82.8	-3.7	-5.3
江　苏	Jiangsu	18.8	87.3	23.1	17.0	4.6
浙　江	Zhejiang	25.7	-25.6	26.2	18.9	25.9
安　徽	Anhui	28.4	-6.6	27.8	-3.1	53.3
福　建	Fujian	-15.2	-40.0	-20.3	19.0	20.1
江　西	Jiangxi	30.7	102.4	29.9	-13.6	110.3
山　东	Shandong	17.3	7.5	22.1	15.7	-25.0
河　南	Henan	-4.3	119.2	-0.4	-33.2	-38.4
湖　北	Hubei	32.5	30.2	35.6	-37.0	1.4
湖　南	Hunan	43.5	42.8	40.4	98.8	110.1
广　东	Guangdong	18.1	27.6	-0.1	-12.5	111.9
广　西	Guangxi	40.0	103.1	42.1	-6.7	155.2
海　南	Hainan	-41.8	-96.1	61.5	64.4	43.9
重　庆	Chongqing	1.9	7.4	0.0	70.4	30.9
四　川	Sichuan	3.8	10.3	3.0	-37.6	46.8
贵　州	Guizhou	-4.4	-7.8	-8.6		90.2
云　南	Yunnan	65.4	202.3	69.7	-7.7	
西　藏	Tibet	-22.4	82.1	-22.4		
陕　西	Shaanxi	16.0	-42.1	-3.6	49.9	126.6
甘　肃	Gansu	-26.5	32.6	-26.5		-29.2
青　海	Qinghai	20.4	-51.7	23.7		
宁　夏	Ningxia	-0.6	7.7	0.3	-59.6	
新　疆	Xinjiang	21.1	14.8	24.2		-44.1

R&D 及相关活动情况
Statistics on R&D and Related Activities

2-1-1 按行业分高技术产业研发相关情况(2018年)

行　业	Industry	有R&D活动的企业数(个) Number of Enterprises Having R&D Activities (unit)
合计	**Total**	**17248**
医药制造业	**Manufacture of Medicines**	**3880**
#化学药品制造	Manufacture of Chemical Medicine	1459
中成药生产	Manufacture of Finished Traditional Chinese Herbal Medicine	816
生物药品制品制造	Manufacture of Biopharmaceutical Products	584
电子及通信设备制造业	**Manufacture of Electronic Equipment and Communication Equipment**	**8661**
电子工业专用设备制造	Manufacture of Special Equipment for Electronic Industry	400
光纤光缆及锂离子电池制造	Manufacture of Optical Fiber and Cable, and Lithium Ion Battery	696
#锂离子电池制造	Manufacture of Lithium Ion Batteries	528
#通信设备、雷达及配套设备制造	Manufacture of Communication Equipment, Radar and Matching Equipment	1062
#通信系统设备制造	Manufacture of Communication System Equipment	505
通信终端设备制造	Manufacture of Communication Terminal Equipment	505
雷达及配套设备制造	Manufacture of Radar and Related Equipment	52
广播电视设备制造	Manufacture of Broadcasting and TV Equipment	296
非专业视听设备制造	Manufacture of Non-professional Audio-visual Equipment	451
电子器件制造	Manufacture of Electronic Appliances	2029
#电子真空器件制造	Manufacture of Electronic Vacuum Appliances	186
半导体分立器件制造	Manufacture of Semiconductor Discreting Appliances	221
集成电路制造	Manufacture of Integrate Circuit	358
光电子器件	Manufacture of Optoelectronic Devices	440
电子元件及电子专用材料制造	Manufacture of Electronic Components and Electronic Specialized Materials	2785
#电阻电容电感元件制造	Manufacture of Resistance, Capacitance and Inductance Components	512
电子电路制造	Manufacture of Electronic Circuit	598
电子专用材料制造	Manufacture of Electronic Specialized Materials	445
智能消费设备制造	Manufacturing of Intelligent Consumption Equipment	355
其他电子设备制造	Other Electronic Equipment	587
计算机及办公设备制造业	**Manufacture of Computers and Office Equipments**	**983**
#计算机整机制造	Manufacture of Entired Computer	114
计算机零部件制造	Manufacture of Parts and Fixture for Computer	306
计算机外围设备制造	Manufacture of Computer Peripheral Equipment	287
办公设备制造	Manufacture of Office Equipment	134
医疗仪器设备及仪器仪表制造业	**Manufacture of Medical Equipments and Meters**	**3327**
#医疗仪器设备及器械制造	Manufacture of Medical Equipment and Appliances	988
#医疗诊断、监护及治疗设备制造	Manufacture of Medical Diagnosis, Monitoring and Treatment Equipment	317
医疗、外科及兽医用器械制造	Manufacture of Medical, Surgical and Veterinary Instruments	275
通用仪器仪表制造	Manufacture of General Instruments	1550
专用仪器仪表制造	Manufacture of Special Instruments	502
信息化学品制造业	**Manufacture of Electronic Chemicals**	**116**

注：本表数据口径范围为年主营业务收入2000万元及以上的工业企业法人单位。以下各表相同。

R&D Statistics on High-tech Industry by Industrial Sector(2018)

R&D人员 (人) R&D Personnel (person)	#全时人员 Full-time Personnel	#研究人员 Researchers	R&D人员折合全时当量 (人年) Full-time Equivalent (man-year)	R&D经费内部支出 (万元) Intramural Expenditure on R&D (10000 yuan)	#人员劳务费 Labor Cost
1146426	**913476**	**427451**	**852467**	**35591155**	**14606962**
185762	**138624**	**72130**	**125920**	**5808857**	**1558125**
92549	70875	38012	62093	3284951	861788
38481	26331	14404	26363	882879	260710
25466	19458	10648	17505	950527	255801
692993	**563404**	**250966**	**532077**	**22733669**	**10092320**
14908	12116	5048	11624	410011	161183
42635	32548	14912	28393	1592537	453213
34678	27395	12029	22710	1183053	377586
223442	191521	106601	192546	9307239	5334551
159744	140887	83431	149420	7197521	4422740
59096	46954	20974	39877	1958483	861521
4602	3680	2196	3249	151235	50291
13705	11013	4317	9653	300256	128502
42482	33189	13386	30748	1209101	470249
149833	122016	49249	109587	4932396	1762626
10108	7943	2530	8208	187189	67818
9885	7416	3323	7070	266525	84613
33629	28127	13894	24838	1644247	624274
28409	21882	9257	17240	745503	240145
143227	112179	35424	103992	3483034	1102489
19889	15380	5365	14154	452774	130570
43881	34770	9779	32255	967143	315246
18946	13981	5144	12790	633079	129933
30413	22299	11763	22734	785094	390909
32348	26523	10266	22800	714001	288598
92119	**74763**	**33705**	**65939**	**2224053**	**1077321**
39224	31446	15747	26180	998061	503259
16913	13764	3891	12946	425019	142543
13923	11099	4556	9548	268006	124441
7938	6225	2724	6134	178302	92170
130344	**102707**	**49587**	**93551**	**3174900**	**1412919**
37357	30186	14210	26158	1014515	456972
15109	12792	6784	10423	488207	244035
10404	7788	3459	6991	241194	105329
59839	47972	23197	43845	1409692	665729
19565	15897	7517	14235	468536	196686
5227	**3765**	**2103**	**3264**	**181045**	**51226**

2-1-1 续表 1

行业	Industry	#仪器和设备 Equipment
合计	**Total**	**3524365**
医药制造业	**Manufacture of Medicines**	**577931**
#化学药品制造	Manufacture of Chemical Medicine	340303
中成药生产	Manufacture of Finished Traditional Chinese Herbal Medicine	76663
生物药品制品制造	Manufacture of Biopharmaceutical Products	87400
电子及通信设备制造业	**Manufacture of Electronic Equipment and Communication Equipment**	**2481571**
电子工业专用设备制造	Manufacture of Special Equipment for Electronic Industry	29316
光纤光缆及锂离子电池制造	Manufacture of Optical Fiber and Cable, and Lithium Ion Battery	279889
#锂离子电池制造	Manufacture of Lithium Ion Batteries	208967
#通信设备、雷达及配套设备制造	Manufacture of Communication Equipment, Radar and Matching Equipment	769502
#通信系统设备制造	Manufacture of Communication System Equipment	607140
通信终端设备制造	Manufacture of Communication Terminal Equipment	133674
雷达及配套设备制造	Manufacture of Radar and Related Equipment	28688
广播电视设备制造	Manufacture of Broadcasting and TV Equipment	35625
非专业视听设备制造	Manufacture of Non-professional Audio-visual Equipment	74199
电子器件制造	Manufacture of Electronic Appliances	724105
#电子真空器件制造	Manufacture of Electronic Vacuum Appliances	15123
半导体分立器件制造	Manufacture of Semiconductor Discreting Appliances	59867
集成电路制造	Manufacture of Integrate Circuit	306416
光电子器件	Manufacture of Optoelectronic Devices	113206
电子元件及电子专用材料制造	Manufacture of Electronic Components and Electronic Specialized Materials	412605
#电阻电容电感元件制造	Manufacture of Resistance, Capacitance and Inductance Components	98145
电子电路制造	Manufacture of Electronic Circuit	103158
电子专用材料制造	Manufacture of Electronic Specialized Materials	74908
智能消费设备制造	Manufacturing of Intelligent Consumption Equipment	64025
其他电子设备制造	Other Electronic Equipment	92306
计算机及办公设备制造业	**Manufacture of Computers and Office Equipments**	**146213**
#计算机整机制造	Manufacture of Entired Computer	82836
计算机零部件制造	Manufacture of Parts and Fixture for Computer	24391
计算机外围设备制造	Manufacture of Computer Peripheral Equipment	14027
办公设备制造	Manufacture of Office Equipment	5344
医疗仪器设备及仪器仪表制造业	**Manufacture of Medical Equipments and Meters**	**235301**
#医疗仪器设备及器械制造	Manufacture of Medical Equipment and Appliances	57463
#医疗诊断、监护及治疗设备制造	Manufacture of Medical Diagnosis, Monitoring and Treatment Equipment	17633
医疗、外科及兽医用器械制造	Manufacture of Medical, Surgical and Veterinary Instruments	17529
通用仪器仪表制造	Manufacture of General Instruments	102605
专用仪器仪表制造	Manufacture of Special Instruments	33671
信息化学品制造业	**Manufacture of Electronic Chemicals**	**14148**

continued

#政府资金 Government Funds	#企业资金 Self-raised Funds by Enterprises	R&D经费外部支出(万元) External Expenditure on R&D (10000 yuan)	新产品开发项目数(项) New Products (item)	新产品开发经费支出(万元) Expenditure on New Products Development	新产品销售收入(万元) Sales Revenue of New Products (10000 yuan)
2047113	**33236588**	**4441638**	**131634**	**46389298**	**568941517**
228177	**5536163**	**979936**	**31679**	**6520596**	**63670361**
102406	3160061	658507	14834	3558893	35708805
51683	824305	147521	6505	1063522	12232103
44483	899038	141703	4789	1083919	6469297
988645	**21638698**	**2796144**	**64451**	**30855441**	**403420430**
80392	328378	4603	2787	552093	3807394
49023	1536379	29217	4880	2007237	27381546
33122	1144962	18464	3640	1458111	20650330
196443	9096698	2190265	9654	13288468	186632420
130619	7059005	881260	4404	10490698	56391902
29175	1923292	1300448	4773	2618233	129453063
36649	114401	8557	477	179536	787455
8209	291265	5665	2213	408014	4728004
44667	1153354	58902	4352	1640778	31644582
391854	4509823	261465	16156	6236550	71301572
6932	180127	5234	1362	231402	2836543
11638	253680	7826	1396	318341	3091854
176140	1455742	118642	3313	2121260	9739346
21981	714227	25454	3400	1025262	15427110
138329	3316968	114279	17004	4708997	57403135
15922	428778	6487	2818	554340	5874942
12292	950744	10334	4065	1662630	18426606
19993	605945	8087	2577	723552	10476661
37244	737789	109985	3068	1082243	11751168
42484	668044	21764	4337	931061	8770610
93733	**2080475**	**126360**	**8382**	**3028859**	**57824579**
40512	914155	43659	1615	1417287	37117575
22050	400856	24450	2006	510685	8118248
5947	259325	12082	2247	397157	6161622
6609	170964	9863	984	225501	2262297
182823	**2959090**	**134769**	**23742**	**3967175**	**27776988**
59218	944656	45603	7100	1285805	7109769
36417	443069	25568	2537	615105	2883380
8855	231470	3970	1829	314564	1999987
53300	1340974	60951	10873	1731528	14142295
18284	445034	14821	3728	580177	4029526
6806	**174137**	**2730**	**668**	**206888**	**3495303**

2-1-1 续表 2

行 业	Industry	#出口 Exports
合计	**Total**	**193320485**
医药制造业	**Manufacture of Medicines**	**4872274**
#化学药品制造	Manufacture of Chemical Medicine	3435560
中成药生产	Manufacture of Finished Traditional Chinese Herbal Medicine	152159
生物药品制品制造	Manufacture of Biopharmaceutical Products	708267
电子及通信设备制造业	**Manufacture of Electronic Equipment and Communication Equipment**	**152300351**
电子工业专用设备制造	Manufacture of Special Equipment for Electronic Industry	666451
光纤光缆及锂离子电池制造	Manufacture of Optical Fiber and Cable, and Lithium Ion Battery	5141800
#锂离子电池制造	Manufacture of Lithium Ion Batteries	3719693
#通信设备、雷达及配套设备制造	Manufacture of Communication Equipment, Radar and Matching Equipment	73393871
#通信系统设备制造	Manufacture of Communication System Equipment	20528800
通信终端设备制造	Manufacture of Communication Terminal Equipment	52811647
雷达及配套设备制造	Manufacture of Radar and Related Equipment	53424
广播电视设备制造	Manufacture of Broadcasting and TV Equipment	1030073
非专业视听设备制造	Manufacture of Non-professional Audio-visual Equipment	10597694
电子器件制造	Manufacture of Electronic Appliances	31035707
#电子真空器件制造	Manufacture of Electronic Vacuum Appliances	1209964
半导体分立器件制造	Manufacture of Semiconductor Discreting Appliances	1066346
集成电路制造	Manufacture of Integrate Circuit	4338213
光电子器件	Manufacture of Optoelectronic Devices	5223283
电子元件及电子专用材料制造	Manufacture of Electronic Components and Electronic Specialized Materials	22423014
#电阻电容电感元件制造	Manufacture of Resistance, Capacitance and Inductance Components	2114872
电子电路制造	Manufacture of Electronic Circuit	7411092
电子专用材料制造	Manufacture of Electronic Specialized Materials	1862552
智能消费设备制造	Manufacturing of Intelligent Consumption Equipment	5182798
其他电子设备制造	Other Electronic Equipment	2828944
计算机及办公设备制造业	**Manufacture of Computers and Office Equipments**	**30791383**
#计算机整机制造	Manufacture of Entired Computer	19958576
计算机零部件制造	Manufacture of Parts and Fixture for Computer	5036339
计算机外围设备制造	Manufacture of Computer Peripheral Equipment	3735802
办公设备制造	Manufacture of Office Equipment	962565
医疗仪器设备及仪器仪表制造业	**Manufacture of Medical Equipments and Meters**	**3899956**
#医疗仪器设备及器械制造	Manufacture of Medical Equipment and Appliances	1213569
#医疗诊断、监护及治疗设备制造	Manufacture of Medical Diagnosis, Monitoring and Treatment Equipment	321190
医疗、外科及兽医用器械制造	Manufacture of Medical, Surgical and Veterinary Instruments	415644
通用仪器仪表制造	Manufacture of General Instruments	1544956
专用仪器仪表制造	Manufacture of Special Instruments	501222
信息化学品制造业	**Manufacture of Electronic Chemicals**	**594095**

continued

专利申请数 (件) Patent Applications (unit)	#发明专利 Invention Patents	有效发明专利数 (件) Number of Patents In Force (unit)	引进技术经费支出 (万元) Expenditure for Acquisition of Foreign Technology (10000 yuan)	消化吸收经费支出 (万元) Expenditure for Assimilation of Technology (10000 yuan)	购买境内技术经费支出 (万元) Expenditure for Purchase of Domestic Technology (10000 yuan)
264736	**137633**	**425137**	**1396130**	**118475**	**2394346**
21698	**11494**	**45766**	**43524**	**36162**	**249729**
7902	4759	19729	32247	26757	164405
4078	2027	11979	2492	392	23266
3480	2085	6915	8458	8845	47378
175923	**94982**	**295182**	**1160178**	**66393**	**1817035**
5345	2097	7380	120	240	1172
11802	4745	10393	34464	15713	51701
9721	3999	7349	16729	8213	49477
41630	30681	152585	881018	316	1358721
30166	24059	136466	1387	23	1110
10591	6159	15112	879626	158	1352826
873	463	1007	5	135	4786
3175	1146	3535	3958	5819	528
13878	6126	12133	16317	33219	267730
39229	20532	56524	145083	1687	75454
1500	434	1283		9	3372
2363	975	3109		288	1233
6675	4712	16098	56454	1351	9041
8384	3162	7647	4736		3304
41723	21925	38245	63028	9022	56098
3982	1404	4388	27272	240	3419
21026	13516	10749	32550	8	16722
3792	1624	4714	1076		703
10424	3967	5761			2885
8717	3763	8626	16190	377	2748
22084	**12678**	**25348**	**11920**	**123**	**69375**
10779	8419	10872	2093		305
2924	744	2693	7945		10544
3677	1308	5500	1421	123	5430
2283	788	2658	27		642
36172	**13619**	**44272**	**61094**	**7921**	**24198**
12130	5053	16928	54947	168	5878
5291	2710	7596	54409	3	3026
3050	1130	4324	487	165	1130
16142	5833	18919	3660	6889	5580
5092	1576	4771	2296	863	6081
1515	**917**	**1753**	**559**		**561**

2-1-1 续表 3

行 业	Industry	技术改造经费支出(万元) Expenditure for Technical Renovation (10000 yuan)
合计	**Total**	**5565951**
医药制造业	**Manufacture of Medicines**	**896511**
#化学药品制造	Manufacture of Chemical Medicine	639090
中成药生产	Manufacture of Finished Traditional Chinese Herbal Medicine	97963
生物药品制品制造	Manufacture of Biopharmaceutical Products	55861
电子及通信设备制造业	**Manufacture of Electronic Equipment and Communication Equipment**	**3448842**
电子工业专用设备制造	Manufacture of Special Equipment for Electronic Industry	28553
光纤光缆及锂离子电池制造	Manufacture of Optical Fiber and Cable, and Lithium Ion Battery	315528
#锂离子电池制造	Manufacture of Lithium Ion Batteries	269304
#通信设备、雷达及配套设备制造	Manufacture of Communication Equipment, Radar and Matching Equipment	328509
#通信系统设备制造	Manufacture of Communication System Equipment	64133
通信终端设备制造	Manufacture of Communication Terminal Equipment	258798
雷达及配套设备制造	Manufacture of Radar and Related Equipment	5578
广播电视设备制造	Manufacture of Broadcasting and TV Equipment	43747
非专业视听设备制造	Manufacture of Non-professional Audio-visual Equipment	211462
电子器件制造	Manufacture of Electronic Appliances	1472617
#电子真空器件制造	Manufacture of Electronic Vacuum Appliances	38194
半导体分立器件制造	Manufacture of Semiconductor Discreting Appliances	39372
集成电路制造	Manufacture of Integrate Circuit	255715
光电子器件	Manufacture of Optoelectronic Devices	212957
电子元件及电子专用材料制造	Manufacture of Electronic Components and Electronic Specialized Materials	900678
#电阻电容电感元件制造	Manufacture of Resistance, Capacitance and Inductance Components	120455
电子电路制造	Manufacture of Electronic Circuit	368888
电子专用材料制造	Manufacture of Electronic Specialized Materials	164045
智能消费设备制造	Manufacturing of Intelligent Consumption Equipment	83530
其他电子设备制造	Other Electronic Equipment	64218
计算机及办公设备制造业	**Manufacture of Computers and Office Equipments**	**512299**
#计算机整机制造	Manufacture of Entired Computer	351453
计算机零部件制造	Manufacture of Parts and Fixture for Computer	114093
计算机外围设备制造	Manufacture of Computer Peripheral Equipment	16091
办公设备制造	Manufacture of Office Equipment	19507
医疗仪器设备及仪器仪表制造业	**Manufacture of Medical Equipments and Meters**	**210578**
#医疗仪器设备及器械制造	Manufacture of Medical Equipment and Appliances	41507
#医疗诊断、监护及治疗设备制造	Manufacture of Medical Diagnosis, Monitoring and Treatment Equipment	16682
医疗、外科及兽医用器械制造	Manufacture of Medical, Surgical and Veterinary Instruments	11549
通用仪器仪表制造	Manufacture of General Instruments	82744
专用仪器仪表制造	Manufacture of Special Instruments	49960
信息化学品制造业	**Manufacture of Electronic Chemicals**	**19709**

continued

有研发机构的企业数（个）Number of Enterprises with R&D Institutions (unit)	机构数（个）R&D Institutions (unit)	机构人员（人）Personnel in R&D Institutions (person)	机构经费支出（万元）Expenditure in R&D Institutions (10000 yuan)	#仪器设备 Equipment
13179	**16052**	**1011294**	**36984023**	**23793188**
2427	**3183**	**134799**	**4771896**	**3893957**
954	1309	69429	2873817	2273085
491	637	29138	750198	601210
322	444	17312	686948	598363
7337	**8772**	**658712**	**26711562**	**15293892**
341	380	14965	383077	138866
550	729	37390	1311451	1005785
416	511	29586	987529	574678
842	1168	226092	14154991	3087032
394	544	163261	11851805	1946446
417	583	58004	2176978	916447
31	41	4827	126209	224139
256	287	13286	302074	182400
476	577	44853	1411733	519370
1726	2023	125805	4174136	6847587
153	170	6585	128347	108797
166	201	8433	199223	238764
290	358	26950	1074590	1734327
376	425	22639	746230	2959697
2353	2708	141259	3489621	2778452
414	471	18480	356948	376277
558	637	49553	1541266	1053359
322	385	13159	408712	472079
293	348	25308	896548	438918
500	552	29754	587932	295484
892	**1076**	**79470**	**2037957**	**1470873**
117	145	27342	809810	591452
282	315	19106	438537	271762
242	280	14370	308595	444889
122	157	7751	194986	67655
2293	**2692**	**105328**	**2590414**	**1697276**
654	739	27816	801176	403719
195	234	10598	374393	123063
184	207	7795	202916	159465
1072	1278	50188	1188284	883537
354	424	16600	360190	243287
73	**91**	**4131**	**135558**	**127972**

2-1-2 按行业分大型企业高技术产业研发相关情况(2018年)

行 业	Industry	有R&D活动的企业数(个) Number of Enterprises Having R&D Activities (unit)
合计	**Total**	**1407**
医药制造业	**Manufacture of Medicines**	**255**
#化学药品制造	Manufacture of Chemical Medicine	132
中成药生产	Manufacture of Finished Traditional Chinese Herbal Medicine	71
生物药品制品制造	Manufacture of Biopharmaceutical Products	28
电子及通信设备制造业	**Manufacture of Electronic Equipment and Communication Equipment**	**875**
电子工业专用设备制造	Manufacture of Special Equipment for Electronic Industry	8
光纤光缆及锂离子电池制造	Manufacture of Optical Fiber and Cable, and Lithium Ion Battery	56
#锂离子电池制造	Manufacture of Lithium Ion Batteries	51
#通信设备、雷达及配套设备制造	Manufacture of Communication Equipment, Radar and Matching Equipment	144
#通信系统设备制造	Manufacture of Communication System Equipment	51
通信终端设备制造	Manufacture of Communication Terminal Equipment	88
雷达及配套设备制造	Manufacture of Radar and Related Equipment	5
广播电视设备制造	Manufacture of Broadcasting and TV Equipment	22
非专业视听设备制造	Manufacture of Non-professional Audio-visual Equipment	60
电子器件制造	Manufacture of Electronic Appliances	243
#电子真空器件制造	Manufacture of Electronic Vacuum Appliances	17
半导体分立器件制造	Manufacture of Semiconductor Discreting Appliances	26
集成电路制造	Manufacture of Integrate Circuit	51
光电子器件	Manufacture of Optoelectronic Devices	41
电子元件及电子专用材料制造	Manufacture of Electronic Components and Electronic Specialized Materials	271
#电阻电容电感元件制造	Manufacture of Resistance, Capacitance and Inductance Components	37
电子电路制造	Manufacture of Electronic Circuit	110
电子专用材料制造	Manufacture of Electronic Specialized Materials	28
智能消费设备制造	Manufacturing of Intelligent Consumption Equipment	36
其他电子设备制造	Other Electronic Equipment	35
计算机及办公设备制造业	**Manufacture of Computers and Office Equipments**	**123**
#计算机整机制造	Manufacture of Entired Computer	28
计算机零部件制造	Manufacture of Parts and Fixture for Computer	49
计算机外围设备制造	Manufacture of Computer Peripheral Equipment	22
办公设备制造	Manufacture of Office Equipment	12
医疗仪器设备及仪器仪表制造业	**Manufacture of Medical Equipments and Meters**	**96**
#医疗仪器设备及器械制造	Manufacture of Medical Equipment and Appliances	32
#医疗诊断、监护及治疗设备制造	Manufacture of Medical Diagnosis, Monitoring and Treatment Equipment	11
医疗、外科及兽医用器械制造	Manufacture of Medical, Surgical and Veterinary Instruments	10
通用仪器仪表制造	Manufacture of General Instruments	38
专用仪器仪表制造	Manufacture of Special Instruments	13
信息化学品制造业	**Manufacture of Electronic Chemicals**	**11**

R&D Statistics on High-tech Industry of Large-size Enterprises by Industrial Sector(2018)

R&D人员 (人) R&D Personnel (person)	#全时人员 Full-time Personnel	#研究人员 Researchers	R&D人员折合全时当量 (人年) Full-time Equivalent (man-year)	R&D经费内部支出 (万元) Intramural Expenditure on R&D (10000 yuan)	#人员劳务费 Labor Cost
607404	**490482**	**246052**	**472539**	**22263973**	**9964383**
67423	**51091**	**29724**	**47571**	**2767024**	**724246**
43000	33376	19875	29504	1931791	492106
14020	9898	6081	10456	373403	119044
4806	3763	2200	3533	281564	66773
430532	**354481**	**170869**	**343471**	**16230499**	**7813684**
2851	2553	986	2655	121973	50584
21287	16083	7980	13933	904944	289231
18743	15010	6926	12103	739998	256629
183235	158361	91183	163467	8354442	4898925
140121	124703	75629	134933	6771733	4197714
42261	33048	15133	28146	1542029	690691
853	610	421	389	40681	10520
4104	3527	1262	2805	126658	53339
28480	21536	9484	20639	912742	365485
87527	71918	28877	65030	3053975	1115986
5712	4593	1390	5024	107434	43397
3825	2755	1378	2773	129498	40326
17212	14187	6638	12739	870149	307479
15478	11706	5225	8129	419049	142550
67965	53780	18071	49166	1839157	617592
6964	5259	2143	5079	186541	47677
27656	22601	7070	20179	639788	223660
5402	3796	1518	3365	211674	36595
20481	14482	8581	15624	571470	298961
14602	12241	4445	10152	345139	123581
60993	**49435**	**24153**	**44030**	**1592983**	**802532**
35517	28237	14360	23755	888540	466185
8600	7166	2106	7146	282567	85587
4630	3551	1763	3002	83165	48073
3857	2994	1453	3173	91592	51264
27304	**20181**	**11358**	**20083**	**806597**	**366325**
8181	6818	3529	5837	275052	135352
3966	3544	1878	2569	165158	86776
2331	1647	943	1618	63653	29622
10539	8379	4799	8073	331455	175046
2862	2355	968	2370	67125	23836
1783	**974**	**870**	**843**	**72378**	**23065**

2-1-2 续表 1

行 业	Industry	#仪器和设备 Equipment
合计	**Total**	**2123917**
医药制造业	**Manufacture of Medicines**	**256646**
#化学药品制造	Manufacture of Chemical Medicine	191665
中成药生产	Manufacture of Finished Traditional Chinese Herbal Medicine	28587
生物药品制品制造	Manufacture of Biopharmaceutical Products	25478
电子及通信设备制造业	**Manufacture of Electronic Equipment and Communication Equipment**	**1659262**
电子工业专用设备制造	Manufacture of Special Equipment for Electronic Industry	7858
光纤光缆及锂离子电池制造	Manufacture of Optical Fiber and Cable, and Lithium Ion Battery	176922
#锂离子电池制造	Manufacture of Lithium Ion Batteries	157610
#通信设备、雷达及配套设备制造	Manufacture of Communication Equipment, Radar and Matching Equipment	705343
#通信系统设备制造	Manufacture of Communication System Equipment	585474
通信终端设备制造	Manufacture of Communication Terminal Equipment	107289
雷达及配套设备制造	Manufacture of Radar and Related Equipment	12580
广播电视设备制造	Manufacture of Broadcasting and TV Equipment	19754
非专业视听设备制造	Manufacture of Non-professional Audio-visual Equipment	47855
电子器件制造	Manufacture of Electronic Appliances	375872
#电子真空器件制造	Manufacture of Electronic Vacuum Appliances	9226
半导体分立器件制造	Manufacture of Semiconductor Discreting Appliances	43411
集成电路制造	Manufacture of Integrate Circuit	121589
光电子器件	Manufacture of Optoelectronic Devices	62186
电子元件及电子专用材料制造	Manufacture of Electronic Components and Electronic Specialized Materials	209040
#电阻电容电感元件制造	Manufacture of Resistance, Capacitance and Inductance Components	69028
电子电路制造	Manufacture of Electronic Circuit	50222
电子专用材料制造	Manufacture of Electronic Specialized Materials	24933
智能消费设备制造	Manufacturing of Intelligent Consumption Equipment	49003
其他电子设备制造	Other Electronic Equipment	67615
计算机及办公设备制造业	**Manufacture of Computers and Office Equipments**	**92979**
#计算机整机制造	Manufacture of Entired Computer	62523
计算机零部件制造	Manufacture of Parts and Fixture for Computer	9312
计算机外围设备制造	Manufacture of Computer Peripheral Equipment	1764
办公设备制造	Manufacture of Office Equipment	3184
医疗仪器设备及仪器仪表制造业	**Manufacture of Medical Equipments and Meters**	**71143**
#医疗仪器设备及器械制造	Manufacture of Medical Equipment and Appliances	11225
#医疗诊断、监护及治疗设备制造	Manufacture of Medical Diagnosis, Monitoring and Treatment Equipment	4110
医疗、外科及兽医用器械制造	Manufacture of Medical, Surgical and Veterinary Instruments	2826
通用仪器仪表制造	Manufacture of General Instruments	28468
专用仪器仪表制造	Manufacture of Special Instruments	5628
信息化学品制造业	**Manufacture of Electronic Chemicals**	**5235**

continued

#政府资金 Government Funds	#企业资金 Self-raised Funds by Enterprises	R&D经费外部支出(万元) External Expenditure on R&D (10000 yuan)	新产品开发项目数(项) New Products (item)	新产品开发经费支出(万元) Expenditure on New Products Development	新产品销售收入(万元) Sales Revenue of New Products (10000 yuan)
1205125	**20879648**	**3188949**	**25312**	**28858997**	**406513492**
100508	**2651478**	**406402**	**7291**	**2941892**	**32392627**
62324	1859866	307953	4688	1984720	20116499
22454	348234	65194	1498	418402	6662824
8715	271792	28323	496	302733	1683138
608518	**15560599**	**2451172**	**13263**	**21863267**	**314210985**
55821	66152	366	182	144644	541221
26513	875893	17826	883	1119347	16975845
20087	717969	12004	703	888502	14103938
110292	8236061	2101925	2248	11865926	169989664
98871	6668716	839979	726	9841951	50707227
10190	1527908	1259935	1439	1971558	119034391
1230	39437	2011	83	52417	248046
2681	123977	1926	355	148648	2365087
38015	866143	47361	1288	1103904	24136218
232759	2800649	110245	3790	3748004	53514083
2339	105021	3469	370	117877	1880178
3362	125389	3411	253	134728	1703820
88393	772054	8439	591	1173990	6578564
3532	407975	7912	612	552058	10320513
87359	1740650	94206	3396	2580538	34682884
9531	171138	2881	464	217657	2880982
5937	631221	7451	1213	1211469	13110334
3791	207880	1225	394	238089	4714919
27330	536052	69848	555	755645	8312354
27749	315020	7470	566	396611	3693630
37116	**1512211**	**75238**	**1881**	**2032726**	**46738444**
5906	839992	29448	859	1228726	33855867
19340	262599	18365	423	310188	5578966
1094	82059	2526	253	114028	3430593
3910	87682	7095	123	98551	1388243
79914	**723682**	**22322**	**1823**	**948499**	**7893919**
19311	255593	8480	482	322212	2670642
13031	152122	6798	125	173069	1476289
1791	61719	364	185	94837	787721
15337	314453	5896	909	381745	3088425
1485	64841	1340	273	83539	961784
1683	**70694**	**360**	**104**	**79976**	**1768308**

2-1-2 续表 2

行 业	Industry	#出口 Exports
合计	**Total**	**163535862**
医药制造业	**Manufacture of Medicines**	**2138150**
#化学药品制造	Manufacture of Chemical Medicine	1836814
中成药生产	Manufacture of Finished Traditional Chinese Herbal Medicine	120582
生物药品制品制造	Manufacture of Biopharmaceutical Products	86688
电子及通信设备制造业	**Manufacture of Electronic Equipment and Communication Equipment**	**132687799**
电子工业专用设备制造	Manufacture of Special Equipment for Electronic Industry	206960
光纤光缆及锂离子电池制造	Manufacture of Optical Fiber and Cable, and Lithium Ion Battery	4144852
#锂离子电池制造	Manufacture of Lithium Ion Batteries	2989480
#通信设备、雷达及配套设备制造	Manufacture of Communication Equipment, Radar and Matching Equipment	70561938
#通信系统设备制造	Manufacture of Communication System Equipment	19999825
通信终端设备制造	Manufacture of Communication Terminal Equipment	50532512
雷达及配套设备制造	Manufacture of Radar and Related Equipment	29602
广播电视设备制造	Manufacture of Broadcasting and TV Equipment	418481
非专业视听设备制造	Manufacture of Non-professional Audio-visual Equipment	7118051
电子器件制造	Manufacture of Electronic Appliances	26783046
#电子真空器件制造	Manufacture of Electronic Vacuum Appliances	1063406
半导体分立器件制造	Manufacture of Semiconductor Discreting Appliances	842370
集成电路制造	Manufacture of Integrate Circuit	3491833
光电子器件	Manufacture of Optoelectronic Devices	4238138
电子元件及电子专用材料制造	Manufacture of Electronic Components and Electronic Specialized Materials	17567489
#电阻电容电感元件制造	Manufacture of Resistance, Capacitance and Inductance Components	1543768
电子电路制造	Manufacture of Electronic Circuit	6386491
电子专用材料制造	Manufacture of Electronic Specialized Materials	823087
智能消费设备制造	Manufacturing of Intelligent Consumption Equipment	4207864
其他电子设备制造	Other Electronic Equipment	1679119
计算机及办公设备制造业	**Manufacture of Computers and Office Equipments**	**27009936**
#计算机整机制造	Manufacture of Entired Computer	18699856
计算机零部件制造	Manufacture of Parts and Fixture for Computer	4229567
计算机外围设备制造	Manufacture of Computer Peripheral Equipment	2472825
办公设备制造	Manufacture of Office Equipment	709941
医疗仪器设备及仪器仪表制造业	**Manufacture of Medical Equipments and Meters**	**1189701**
#医疗仪器设备及器械制造	Manufacture of Medical Equipment and Appliances	278171
#医疗诊断、监护及治疗设备制造	Manufacture of Medical Diagnosis, Monitoring and Treatment Equipment	33776
医疗、外科及兽医用器械制造	Manufacture of Medical, Surgical and Veterinary Instruments	157220
通用仪器仪表制造	Manufacture of General Instruments	404427
专用仪器仪表制造	Manufacture of Special Instruments	185346
信息化学品制造业	**Manufacture of Electronic Chemicals**	**377624**

continued

专利申请数 (件) Patent Applications (unit)		有效发明专利数 (件) Number of Patents In Force (unit)	引进技术经费支出 (万元) Expenditure for Acquisition of Foreign Technology (10000 yuan)	消化吸收经费支出 (万元) Expenditure for Assimilation of Technology (10000 yuan)	购买境内技术经费支出 (万元) Expenditure for Purchase of Domestic Technology (10000 yuan)
	#发明专利 Invention Patents				
122696	**82625**	**254443**	**1257389**	**73160**	**2002257**
4396	**3181**	**14371**	**25730**	**35051**	**139015**
2187	1772	7864	19708	26578	100989
1049	684	4965	2251	23	10867
456	338	830	3771	8451	24885
95403	**64203**	**210048**	**1120785**	**32753**	**1751877**
1223	676	2685			
4935	2135	3892	33844	15251	43171
4186	1867	2821	16109	7751	41171
28937	24177	138782	878973		1353288
24917	21780	129741	230		60
3782	2262	8815	878743		1348453
238	135	226			4776
806	352	390	3460	2422	
7966	4305	8510	9916	7184	256759
18470	11473	29830	124329	18	57501
199	84	259		9	3352
420	167	700			
2293	1888	5987	42105		2315
3048	1128	2651	2419		584
24025	16271	19456	54999	7850	40778
492	191	932	27243		1468
17982	12772	7817	27301		8768
836	412	926			80
6053	2805	3156			275
2988	2009	3347	15265	29	105
13622	**9671**	**15259**	**8720**		**10988**
9701	7867	9466	356		145
945	358	718	7945		10528
1029	398	1411			
1131	464	1453			150
5930	**3343**	**8892**		**5356**	**5228**
2584	1584	4171			1124
1981	1392	3461			
353	89	415			
2061	1081	3179		5356	2254
370	115	282			1850
726	**492**	**623**	**257**		

2-1-2 续表 3

行 业	Industry	技术改造经费支出（万元） Expenditure for Technical Renovation (10000 yuan)
合计	**Total**	**3571857**
医药制造业	**Manufacture of Medicines**	**493675**
#化学药品制造	Manufacture of Chemical Medicine	405176
中成药生产	Manufacture of Finished Traditional Chinese Herbal Medicine	35583
生物药品制品制造	Manufacture of Biopharmaceutical Products	8658
电子及通信设备制造业	**Manufacture of Electronic Equipment and Communication Equipment**	**2397427**
电子工业专用设备制造	Manufacture of Special Equipment for Electronic Industry	775
光纤光缆及锂离子电池制造	Manufacture of Optical Fiber and Cable, and Lithium Ion Battery	216707
#锂离子电池制造	Manufacture of Lithium Ion Batteries	194881
#通信设备、雷达及配套设备制造	Manufacture of Communication Equipment, Radar and Matching Equipment	253809
#通信系统设备制造	Manufacture of Communication System Equipment	41166
通信终端设备制造	Manufacture of Communication Terminal Equipment	212642
雷达及配套设备制造	Manufacture of Radar and Related Equipment	
广播电视设备制造	Manufacture of Broadcasting and TV Equipment	22451
非专业视听设备制造	Manufacture of Non-professional Audio-visual Equipment	175091
电子器件制造	Manufacture of Electronic Appliances	1081954
#电子真空器件制造	Manufacture of Electronic Vacuum Appliances	17252
半导体分立器件制造	Manufacture of Semiconductor Discreting Appliances	3244
集成电路制造	Manufacture of Integrate Circuit	180767
光电子器件	Manufacture of Optoelectronic Devices	162972
电子元件及电子专用材料制造	Manufacture of Electronic Components and Electronic Specialized Materials	561921
#电阻电容电感元件制造	Manufacture of Resistance, Capacitance and Inductance Components	75320
电子电路制造	Manufacture of Electronic Circuit	271915
电子专用材料制造	Manufacture of Electronic Specialized Materials	66449
智能消费设备制造	Manufacturing of Intelligent Consumption Equipment	61569
其他电子设备制造	Other Electronic Equipment	23151
计算机及办公设备制造业	**Manufacture of Computers and Office Equipments**	**457811**
#计算机整机制造	Manufacture of Entired Computer	343521
计算机零部件制造	Manufacture of Parts and Fixture for Computer	89951
计算机外围设备制造	Manufacture of Computer Peripheral Equipment	6237
办公设备制造	Manufacture of Office Equipment	13568
医疗仪器设备及仪器仪表制造业	**Manufacture of Medical Equipments and Meters**	**65362**
#医疗仪器设备及器械制造	Manufacture of Medical Equipment and Appliances	4919
#医疗诊断、监护及治疗设备制造	Manufacture of Medical Diagnosis, Monitoring and Treatment Equipment	1284
医疗、外科及兽医用器械制造	Manufacture of Medical, Surgical and Veterinary Instruments	1169
通用仪器仪表制造	Manufacture of General Instruments	25447
专用仪器仪表制造	Manufacture of Special Instruments	20838
信息化学品制造业	**Manufacture of Electronic Chemicals**	**1308**

continued

有研发机构的企业数（个）Number of Enterprises with R&D Institutions (unit)	机构数（个）R&D Institutions (unit)	机构人员（人）Personnel in R&D Institutions (person)	机构经费支出（万元）Expenditure in R&D Institutions (10000 yuan)	#仪器设备 Equipment
1217	**2253**	**555988**	**25598503**	**14036404**
196	**441**	**53235**	**2387636**	**1785509**
112	270	32875	1664924	1274355
54	104	12557	351311	244116
19	40	4367	229121	195504
794	**1405**	**416915**	**20839475**	**10350410**
9	19	3828	135492	20689
45	138	19631	794201	364339
41	96	16291	651963	307916
123	281	188317	13146042	2453952
45	112	145782	11420951	1648335
74	165	41098	1708985	704777
4	4	1437	16106	100840
18	22	4157	122894	82442
57	110	28330	1017818	341198
224	346	71120	2711876	5405716
13	23	3021	56075	66741
23	36	3635	88947	121954
40	63	13821	610205	1241623
38	47	9967	425784	2663641
254	389	72028	2020372	1217649
37	51	7013	127693	189351
110	146	32828	1209012	579861
20	44	3011	107927	97617
29	47	15592	629185	310454
35	53	13912	261595	153973
109	**187**	**48172**	**1303143**	**776743**
20	36	23332	670168	527755
48	67	11224	290081	117391
18	38	4856	93066	49691
14	25	3572	102033	32617
76	**148**	**22618**	**678383**	**486120**
22	31	5497	214235	88137
6	9	1788	114301	19245
8	14	2301	56340	41816
32	75	10294	292194	296664
11	19	2683	61826	35010
9	**17**	**1396**	**47504**	**53528**

2-1-3 按行业分中型企业高技术产业研发相关情况(2018年)

行 业	Industry	有R&D活动的企业数(个) Number of Enterprises Having R&D Activities (unit)
合计	**Total**	**4008**
医药制造业	**Manufacture of Medicines**	**949**
#化学药品制造	Manufacture of Chemical Medicine	441
中成药生产	Manufacture of Finished Traditional Chinese Herbal Medicine	232
生物药品制品制造	Manufacture of Biopharmaceutical Products	123
电子及通信设备制造业	**Manufacture of Electronic Equipment and Communication Equipment**	**2121**
电子工业专用设备制造	Manufacture of Special Equipment for Electronic Industry	69
光纤光缆及锂离子电池制造	Manufacture of Optical Fiber and Cable, and Lithium Ion Battery	189
#锂离子电池制造	Manufacture of Lithium Ion Batteries	146
#通信设备、雷达及配套设备制造	Manufacture of Communication Equipment, Radar and Matching Equipment	244
#通信系统设备制造	Manufacture of Communication System Equipment	112
通信终端设备制造	Manufacture of Communication Terminal Equipment	116
雷达及配套设备制造	Manufacture of Radar and Related Equipment	16
广播电视设备制造	Manufacture of Broadcasting and TV Equipment	69
非专业视听设备制造	Manufacture of Non-professional Audio-visual Equipment	120
电子器件制造	Manufacture of Electronic Appliances	500
#电子真空器件制造	Manufacture of Electronic Vacuum Appliances	41
半导体分立器件制造	Manufacture of Semiconductor Discreting Appliances	47
集成电路制造	Manufacture of Integrate Circuit	81
光电子器件	Manufacture of Optoelectronic Devices	123
电子元件及电子专用材料制造	Manufacture of Electronic Components and Electronic Specialized Materials	754
#电阻电容电感元件制造	Manufacture of Resistance, Capacitance and Inductance Components	142
电子电路制造	Manufacture of Electronic Circuit	181
电子专用材料制造	Manufacture of Electronic Specialized Materials	104
智能消费设备制造	Manufacturing of Intelligent Consumption Equipment	69
其他电子设备制造	Other Electronic Equipment	107
计算机及办公设备制造业	**Manufacture of Computers and Office Equipments**	**250**
#计算机整机制造	Manufacture of Entired Computer	15
计算机零部件制造	Manufacture of Parts and Fixture for Computer	100
计算机外围设备制造	Manufacture of Computer Peripheral Equipment	80
办公设备制造	Manufacture of Office Equipment	27
医疗仪器设备及仪器仪表制造业	**Manufacture of Medical Equipments and Meters**	**589**
#医疗仪器设备及器械制造	Manufacture of Medical Equipment and Appliances	195
#医疗诊断、监护及治疗设备制造	Manufacture of Medical Diagnosis, Monitoring and Treatment Equipment	60
医疗、外科及兽医用器械制造	Manufacture of Medical, Surgical and Veterinary Instruments	70
通用仪器仪表制造	Manufacture of General Instruments	252
专用仪器仪表制造	Manufacture of Special Instruments	92
信息化学品制造业	**Manufacture of Electronic Chemicals**	**24**

R&D Statistics on High-tech Industry of Medium-sized Enterprises by Industrial Sector (2018)

R&D人员 (人) R&D Personnel (person)	#全时人员 Full-time Personnel	#研究人员 Researchers	R&D人员折合全时当量 (人年) Full-time Equivalent (man-year)	R&D经费内部支出 (万元) Intramural Expenditure on R&D (10000 yuan)	#人员劳务费 Labor Cost
267968	**209925**	**90250**	**188469**	**6861297**	**2468178**
60415	**44913**	**22903**	**39629**	**1726938**	**480262**
28322	21520	10865	18665	872900	237300
13494	9205	4958	8742	308228	91489
9762	7200	4203	6439	359764	97065
136684	**108118**	**40828**	**98821**	**3368099**	**1246196**
5436	4204	1951	4019	126218	54561
11051	8615	3768	7432	401087	95344
8215	6546	2721	5362	234145	69548
20862	17336	8042	15007	487995	254799
10368	8695	4148	7604	232939	136312
8984	7461	3213	6317	220828	105128
1510	1180	681	1086	34228	13359
5006	3719	1456	3803	79025	40142
8568	7076	2402	6046	203083	68090
33073	26152	10486	24028	890449	333215
2246	1784	593	1740	44861	14245
3198	2463	1129	2325	77732	27425
7344	6176	3094	5594	277509	130567
7714	5786	2409	5337	193024	58233
41214	31547	9104	30228	936514	286845
7062	5432	1691	4931	146322	48685
10145	7473	1571	7507	219160	63579
6792	4895	1828	4676	248859	52114
4263	3515	1253	3108	90943	39469
7211	5954	2366	5151	152786	73730
16813	**13683**	**4990**	**11690**	**330611**	**150294**
1853	1669	772	1196	63862	21818
5100	4021	963	3523	80521	33231
5273	4253	1567	3742	101441	43971
1905	1478	592	1254	36139	20864
43028	**34504**	**16656**	**30962**	**1088181**	**503598**
13212	10584	5106	9166	364829	169317
5245	4492	2544	3720	185866	97766
4225	3114	1310	2679	89970	40468
19690	15883	7683	14431	484061	229091
7273	5878	2952	5319	188457	81136
1873	**1538**	**708**	**1318**	**62385**	**15700**

2-1-3 续表 1

行业	Industry	#仪器和设备 Equipment
合计	**Total**	**645113**
医药制造业	**Manufacture of Medicines**	**161920**
#化学药品制造	Manufacture of Chemical Medicine	87120
中成药生产	Manufacture of Finished Traditional Chinese Herbal Medicine	26139
生物药品制品制造	Manufacture of Biopharmaceutical Products	26956
电子及通信设备制造业	**Manufacture of Electronic Equipment and Communication Equipment**	**363537**
电子工业专用设备制造	Manufacture of Special Equipment for Electronic Industry	9140
光纤光缆及锂离子电池制造	Manufacture of Optical Fiber and Cable, and Lithium Ion Battery	64179
#锂离子电池制造	Manufacture of Lithium Ion Batteries	18056
#通信设备、雷达及配套设备制造	Manufacture of Communication Equipment, Radar and Matching Equipment	20693
#通信系统设备制造	Manufacture of Communication System Equipment	8972
通信终端设备制造	**Manufacture of Communication Terminal Equipment**	**8771**
雷达及配套设备制造	Manufacture of Radar and Related Equipment	2951
广播电视设备制造	Manufacture of Broadcasting and TV Equipment	7093
非专业视听设备制造	Manufacture of Non-professional Audio-visual Equipment	20500
电子器件制造	Manufacture of Electronic Appliances	103469
#电子真空器件制造	Manufacture of Electronic Vacuum Appliances	3094
半导体分立器件制造	Manufacture of Semiconductor Discreting Appliances	8906
集成电路制造	Manufacture of Integrate Circuit	33916
光电子器件	Manufacture of Optoelectronic Devices	32101
电子元件及电子专用材料制造	Manufacture of Electronic Components and Electronic Specialized Materials	118929
#电阻电容电感元件制造	Manufacture of Resistance, Capacitance and Inductance Components	16355
电子电路制造	Manufacture of Electronic Circuit	34338
电子专用材料制造	Manufacture of Electronic Specialized Materials	32594
智能消费设备制造	Manufacturing of Intelligent Consumption Equipment	8066
其他电子设备制造	Other Electronic Equipment	11467
计算机及办公设备制造业	**Manufacture of Computers and Office Equipments**	**30007**
#计算机整机制造	Manufacture of Entired Computer	15797
计算机零部件制造	Manufacture of Parts and Fixture for Computer	7137
计算机外围设备制造	Manufacture of Computer Peripheral Equipment	4169
办公设备制造	Manufacture of Office Equipment	751
医疗仪器设备及仪器仪表制造业	**Manufacture of Medical Equipments and Meters**	**76832**
#医疗仪器设备及器械制造	Manufacture of Medical Equipment and Appliances	18873
#医疗诊断、监护及治疗设备制造	Manufacture of Medical Diagnosis, Monitoring and Treatment Equipment	5837
医疗、外科及兽医用器械制造	Manufacture of Medical, Surgical and Veterinary Instruments	6215
通用仪器仪表制造	Manufacture of General Instruments	37249
专用仪器仪表制造	Manufacture of Special Instruments	15974
信息化学品制造业	**Manufacture of Electronic Chemicals**	**3793**

continued

#政府资金 Government Funds	#企业资金 Self-raised Funds by Enterprises	R&D经费外部支出(万元) External Expenditure on R&D (10000 yuan)	新产品开发项目数(项) New Products (item)	新产品开发经费支出(万元) Expenditure on New Products Development	新产品销售收入(万元) Sales Revenue of New Products (10000 yuan)
403469	**6379582**	**747192**	**36561**	**8825472**	**97601323**
73082	**1638888**	**385489**	**10187**	**1999408**	**20188491**
24496	838480	251464	5204	1017325	11447500
18133	288302	57225	2257	380809	3482114
21960	335898	62188	1568	415704	2942249
158808	**3181078**	**153953**	**17475**	**4571463**	**55038701**
3569	122202	1051	627	179372	1711261
13759	385982	8125	1437	504408	6639096
6203	226595	4250	1035	282375	4030610
26672	456154	58220	2485	725827	10203498
18511	211340	34454	1130	339575	3774515
5588	**213260**	**23352**	**1230**	**338121**	**6144007**
2573	31554	414	125	48131	284977
2166	76592	1636	633	112488	1235143
2262	199364	7822	1192	353762	5939848
73303	811084	33269	4249	1192230	10770631
2553	42268	1560	288	60057	468614
3730	73637	788	358	99353	761871
20564	255156	3918	894	372571	1552534
12677	179443	14646	1065	294806	3602024
25820	898981	10284	5230	1172630	13880383
3757	141598	1087	898	179118	1620677
3619	214588	2222	1248	288929	3851737
8230	234329	3762	694	269538	3426537
4163	85035	26219	773	128895	1909109
7095	145685	7329	849	201850	2749732
41587	**284872**	**34272**	**2042**	**476306**	**6826520**
28907	34265	11532	109	90764	2593315
1374	78642	759	571	103071	1282357
1422	97413	5778	715	146728	1705577
910	35173	786	240	43813	329464
47546	**1019425**	**36311**	**5894**	**1330558**	**9555361**
18835	337582	13267	2031	475612	2297279
12734	165160	10076	716	258167	801345
1371	88420	1232	605	105702	712859
16117	457658	13702	2468	580117	5123513
8511	177599	7063	973	211329	1612201
1653	**60655**	**1685**	**244**	**63560**	**1237879**

2-1-3 续表 2

行　业	Industry	#出口 Exports
合计	**Total**	**21414357**
医药制造业	**Manufacture of Medicines**	**1912487**
#化学药品制造	Manufacture of Chemical Medicine	1282752
中成药生产	Manufacture of Finished Traditional Chinese Herbal Medicine	21405
生物药品制品制造	Manufacture of Biopharmaceutical Products	339566
电子及通信设备制造业	**Manufacture of Electronic Equipment and Communication Equipment**	**14222874**
电子工业专用设备制造	Manufacture of Special Equipment for Electronic Industry	291859
光纤光缆及锂离子电池制造	Manufacture of Optical Fiber and Cable, and Lithium Ion Battery	612738
#锂离子电池制造	Manufacture of Lithium Ion Batteries	450366
#通信设备、雷达及配套设备制造	Manufacture of Communication Equipment, Radar and Matching Equipment	2102071
#通信系统设备制造	Manufacture of Communication System Equipment	390845
通信终端设备制造	Manufacture of Communication Terminal Equipment	1697420
雷达及配套设备制造	Manufacture of Radar and Related Equipment	13806
广播电视设备制造	Manufacture of Broadcasting and TV Equipment	357514
非专业视听设备制造	Manufacture of Non-professional Audio-visual Equipment	2828953
电子器件制造	Manufacture of Electronic Appliances	2835824
#电子真空器件制造	Manufacture of Electronic Vacuum Appliances	70562
半导体分立器件制造	Manufacture of Semiconductor Discreting Appliances	147144
集成电路制造	Manufacture of Integrate Circuit	518444
光电子器件	Manufacture of Optoelectronic Devices	716889
电子元件及电子专用材料制造	Manufacture of Electronic Components and Electronic Specialized Materials	3601473
#电阻电容电感元件制造	Manufacture of Resistance, Capacitance and Inductance Components	380436
电子电路制造	Manufacture of Electronic Circuit	857631
电子专用材料制造	Manufacture of Electronic Specialized Materials	765957
智能消费设备制造	Manufacturing of Intelligent Consumption Equipment	743827
其他电子设备制造	Other Electronic Equipment	848616
计算机及办公设备制造业	**Manufacture of Computers and Office Equipments**	**2944914**
#计算机整机制造	Manufacture of Entired Computer	1020763
计算机零部件制造	Manufacture of Parts and Fixture for Computer	637760
计算机外围设备制造	Manufacture of Computer Peripheral Equipment	1045840
办公设备制造	Manufacture of Office Equipment	180824
医疗仪器设备及仪器仪表制造业	**Manufacture of Medical Equipments and Meters**	**1549477**
#医疗仪器设备及器械制造	Manufacture of Medical Equipment and Appliances	509947
#医疗诊断、监护及治疗设备制造	Manufacture of Medical Diagnosis, Monitoring and Treatment Equipment	190223
医疗、外科及兽医用器械制造	Manufacture of Medical, Surgical and Veterinary Instruments	156629
通用仪器仪表制造	Manufacture of General Instruments	668880
专用仪器仪表制造	Manufacture of Special Instruments	216562
信息化学品制造业	**Manufacture of Electronic Chemicals**	**174352**

continued

专利申请数 (件) Patent Applications (unit)	#发明专利 Invention Patents	有效发明专利数 (件) Number of Patents In Force (unit)	引进技术经费支出 (万元) Expenditure for Acquisition of Foreign Technology (10000 yuan)	消化吸收经费支出 (万元) Expenditure for Assimilation of Technology (10000 yuan)	购买境内技术经费支出 (万元) Expenditure for Purchase of Domestic Technology (10000 yuan)
56904	**24822**	**73522**	**105137**	**29979**	**325097**
5465	**3041**	**15535**	**16980**	**597**	**89165**
2048	1241	6810	11980		55309
1156	577	3398	241	369	8447
1031	700	2984	4685	125	20226
34168	**14956**	**37519**	**25824**	**27017**	**46049**
1252	403	2043	120	215	700
3323	1369	2555			4303
2781	1110	1802			4303
5441	3294	6695	1434	158	2745
1797	850	2877	858	23	759
3454	2372	3482	571		1986
190	72	336	5	135	
825	335	1788	315	571	
3742	1369	1961	5673	26036	10380
9167	4570	11690	10509	30	14224
489	170	387			
937	427	868			447
1425	912	4875	8132		4872
2738	1229	2305	328		2270
7174	2494	8160	7316	8	12060
1397	595	1573	29		1834
1304	415	1608	5138	8	6506
1106	549	1495	1076		541
1351	346	639			642
2193	776	1988	458		995
3462	**1388**	**4321**	**860**	**123**	**53340**
350	221	638			
731	132	644			
1306	534	2068	860	123	994
450	111	447			66
11449	**4232**	**11842**	**57472**	**2242**	**10999**
3770	1458	4063	51957	3	2355
1521	635	1443	51942	3	1602
937	423	1307			578
5380	2062	5592	3606	1533	713
1770	551	1541	1908	706	1505
333	**227**	**639**			

2-1-3 续表 3

行 业	Industry	技术改造经费支出(万元) Expenditure for Technical Renovation (10000 yuan)
合计	**Total**	**1280544**
医药制造业	**Manufacture of Medicines**	**245809**
#化学药品制造	Manufacture of Chemical Medicine	163868
中成药生产	Manufacture of Finished Traditional Chinese Herbal Medicine	37143
生物药品制品制造	Manufacture of Biopharmaceutical Products	17684
电子及通信设备制造业	**Manufacture of Electronic Equipment and Communication Equipment**	**730273**
电子工业专用设备制造	Manufacture of Special Equipment for Electronic Industry	9271
光纤光缆及锂离子电池制造	Manufacture of Optical Fiber and Cable, and Lithium Ion Battery	56853
#锂离子电池制造	Manufacture of Lithium Ion Batteries	39305
#通信设备、雷达及配套设备制造	Manufacture of Communication Equipment, Radar and Matching Equipment	41133
#通信系统设备制造	Manufacture of Communication System Equipment	8866
通信终端设备制造	Manufacture of Communication Terminal Equipment	29323
雷达及配套设备制造	Manufacture of Radar and Related Equipment	2945
广播电视设备制造	Manufacture of Broadcasting and TV Equipment	15208
非专业视听设备制造	Manufacture of Non-professional Audio-visual Equipment	29906
电子器件制造	Manufacture of Electronic Appliances	300706
#电子真空器件制造	Manufacture of Electronic Vacuum Appliances	16406
半导体分立器件制造	Manufacture of Semiconductor Discreting Appliances	24437
集成电路制造	Manufacture of Integrate Circuit	61232
光电子器件	Manufacture of Optoelectronic Devices	35394
电子元件及电子专用材料制造	Manufacture of Electronic Components and Electronic Specialized Materials	233201
#电阻电容电感元件制造	Manufacture of Resistance, Capacitance and Inductance Components	36193
电子电路制造	Manufacture of Electronic Circuit	67754
电子专用材料制造	Manufacture of Electronic Specialized Materials	76218
智能消费设备制造	Manufacturing of Intelligent Consumption Equipment	13243
其他电子设备制造	Other Electronic Equipment	30752
计算机及办公设备制造业	**Manufacture of Computers and Office Equipments**	**23266**
#计算机整机制造	Manufacture of Entired Computer	533
计算机零部件制造	Manufacture of Parts and Fixture for Computer	13796
计算机外围设备制造	Manufacture of Computer Peripheral Equipment	3954
办公设备制造	Manufacture of Office Equipment	649
医疗仪器设备及仪器仪表制造业	**Manufacture of Medical Equipments and Meters**	**91864**
#医疗仪器设备及器械制造	Manufacture of Medical Equipment and Appliances	20795
#医疗诊断、监护及治疗设备制造	Manufacture of Medical Diagnosis, Monitoring and Treatment Equipment	10076
医疗、外科及兽医用器械制造	Manufacture of Medical, Surgical and Veterinary Instruments	4101
通用仪器仪表制造	Manufacture of General Instruments	39684
专用仪器仪表制造	Manufacture of Special Instruments	18585
信息化学品制造业	**Manufacture of Electronic Chemicals**	**16044**

continued

有研发机构的企业数（个）Number of Enterprises with R&D Institutions (unit)	机构数（个）R&D Institutions (unit)	机构人员（人）Personnel in R&D Institutions (person)	机构经费支出（万元）Expenditure in R&D Institutions (10000 yuan)	#仪器设备 Equipment
3239	**4146**	**235923**	**6168002**	**5594716**
631	**900**	**44109**	**1447625**	**1269111**
314	439	22744	830354	666126
152	218	9749	264617	231738
69	117	6460	246531	228707
1871	**2293**	**130776**	**3272664**	**2944857**
59	75	4650	108348	36169
146	204	9678	293859	464494
115	138	7227	173570	144581
208	304	20818	556488	298829
94	151	9904	252692	145759
105	137	9715	271221	133736
9	16	1199	32576	19335
62	77	4672	83176	44637
117	146	10063	254710	114912
433	510	29736	869425	890074
32	35	1685	39373	20840
38	46	2585	61934	55820
70	82	6751	274030	355784
114	140	7703	212215	194550
700	815	40209	853430	979479
116	139	6444	123123	90010
183	211	10898	224891	376232
84	101	5513	171073	215731
51	53	3954	116242	48346
95	109	6996	136987	67918
229	**276**	**16083**	**366558**	**478163**
16	24	1523	73161	32162
87	92	4506	77775	59424
72	82	5389	111841	346932
27	35	2009	39541	14828
452	**589**	**37744**	**913838**	**568289**
152	191	11072	323394	168573
42	55	4655	160422	54896
52	61	2749	72882	65538
190	252	17357	412749	257076
70	96	6769	135857	115588
14	**20**	**1496**	**41001**	**37753**

2-1-4 按行业分国有及国有控股企业高技术产业研发相关情况(2018年)

行 业	Industry	有R&D活动的企业数(个) Number of Enterprises Having R&D Activities (unit)
合计	**Total**	**1175**
医药制造业	**Manufacture of Medicines**	**286**
#化学药品制造	Manufacture of Chemical Medicine	130
中成药生产	Manufacture of Finished Traditional Chinese Herbal Medicine	85
生物药品制品制造	Manufacture of Biopharmaceutical Products	40
电子及通信设备制造业	**Manufacture of Electronic Equipment and Communication Equipment**	**504**
电子工业专用设备制造	Manufacture of Special Equipment for Electronic Industry	17
光纤光缆及锂离子电池制造	Manufacture of Optical Fiber and Cable, and Lithium Ion Battery	41
#锂离子电池制造	Manufacture of Lithium Ion Batteries	27
#通信设备、雷达及配套设备制造	Manufacture of Communication Equipment, Radar and Matching Equipment	118
#通信系统设备制造	Manufacture of Communication System Equipment	58
通信终端设备制造	Manufacture of Communication Terminal Equipment	36
雷达及配套设备制造	Manufacture of Radar and Related Equipment	24
广播电视设备制造	Manufacture of Broadcasting and TV Equipment	10
非专业视听设备制造	Manufacture of Non-professional Audio-visual Equipment	21
电子器件制造	Manufacture of Electronic Appliances	160
#电子真空器件制造	Manufacture of Electronic Vacuum Appliances	15
半导体分立器件制造	Manufacture of Semiconductor Discreting Appliances	14
集成电路制造	Manufacture of Integrate Circuit	45
光电子器件	Manufacture of Optoelectronic Devices	30
电子元件及电子专用材料制造	Manufacture of Electronic Components and Electronic Specialized Materials	105
#电阻电容电感元件制造	Manufacture of Resistance, Capacitance and Inductance Components	20
电子电路制造	Manufacture of Electronic Circuit	15
电子专用材料制造	Manufacture of Electronic Specialized Materials	35
智能消费设备制造	Manufacturing of Intelligent Consumption Equipment	11
其他电子设备制造	Other Electronic Equipment	21
计算机及办公设备制造业	**Manufacture of Computers and Office Equipments**	**56**
#计算机整机制造	Manufacture of Entired Computer	11
计算机零部件制造	Manufacture of Parts and Fixture for Computer	7
计算机外围设备制造	Manufacture of Computer Peripheral Equipment	17
办公设备制造	Manufacture of Office Equipment	11
医疗仪器设备及仪器仪表制造业	**Manufacture of Medical Equipments and Meters**	**171**
#医疗仪器设备及器械制造	Manufacture of Medical Equipment and Appliances	10
#医疗诊断、监护及治疗设备制造	**Manufacture of Medical Diagnosis, Monitoring and Treatment Equipment**	**5**
医疗、外科及兽医用器械制造	Manufacture of Medical, Surgical and Veterinary Instruments	2
通用仪器仪表制造	Manufacture of General Instruments	101
专用仪器仪表制造	Manufacture of Special Instruments	37
信息化学品制造业	**Manufacture of Electronic Chemicals**	**16**

R&D Statistics on High-tech Industry of State-owned and State-controlled Enterprises by Industrial Sector (2018)

R&D人员 (人) R&D Personnel (person)	#全时人员 Full-time Personnel	#研究人员 Researchers	R&D人员折合全时当量 (人年) Full-time Equivalent (man-year)	R&D经费内部支出 (万元) Intramural Expenditure on R&D (10000 yuan)	#人员劳务费 Labor Cost
222457	**177559**	**104363**	**165960**	**7586694**	**3182785**
23803	**17117**	**10067**	**16055**	**635576**	**214924**
14034	10142	5894	9081	317989	114226
5501	3873	2320	3949	139336	53355
2482	1898	1190	1801	137324	35932
121867	**100545**	**55654**	**93455**	**4517227**	**2046137**
1941	1613	919	1762	78758	23968
2999	2156	1191	2104	109263	31171
2444	1762	975	1704	84614	24585
51965	45075	28027	46186	1629692	972573
43978	38788	24341	40382	1372393	856658
4726	3620	2014	3390	127971	75669
3261	2667	1672	2415	129327	40246
1043	911	366	898	26297	10482
17003	13137	5505	12822	556732	230290
31593	25137	13144	19860	1492810	580167
2039	1398	858	1650	38456	13805
1063	829	467	842	19569	7726
4784	3981	2317	3317	398773	113526
6910	4291	2123	1619	221728	80934
11481	9257	4717	7178	430331	139948
1250	1007	627	631	28321	7763
2289	1926	911	1471	64177	26863
2536	1814	766	1605	135620	20127
1491	1307	734	1154	58314	25349
2351	1952	1051	1491	135031	32191
26496	**23459**	**14307**	**18151**	**684083**	**398745**
15672	14084	8861	9649	405634	227851
828	736	386	599	27185	15315
3151	2629	1500	2107	52849	31177
1727	1455	787	1278	44563	21076
14418	**9738**	**6602**	**9437**	**369183**	**134361**
1375	773	661	902	20415	9533
90	**79**	**47**	**61**	**2613**	**1489**
1227	641	592	787	16920	7559
6862	5660	3429	4787	192419	93573
1839	1501	902	1209	54723	17120
1292	**608**	**653**	**653**	**41194**	**17272**

2-1-4 续表 1

行 业	Industry	#仪器和设备 Equipment
合计	**Total**	**682718**
医药制造业	**Manufacture of Medicines**	**55258**
#化学药品制造	Manufacture of Chemical Medicine	28982
中成药生产	Manufacture of Finished Traditional Chinese Herbal Medicine	11177
生物药品制品制造	Manufacture of Biopharmaceutical Products	11619
电子及通信设备制造业	**Manufacture of Electronic Equipment and Communication Equipment**	**452882**
电子工业专用设备制造	Manufacture of Special Equipment for Electronic Industry	1971
光纤光缆及锂离子电池制造	Manufacture of Optical Fiber and Cable, and Lithium Ion Battery	12735
#锂离子电池制造	Manufacture of Lithium Ion Batteries	10299
#通信设备、雷达及配套设备制造	Manufacture of Communication Equipment, Radar and Matching Equipment	81253
#通信系统设备制造	Manufacture of Communication System Equipment	51100
通信终端设备制造	Manufacture of Communication Terminal Equipment	3857
雷达及配套设备制造	Manufacture of Radar and Related Equipment	26296
广播电视设备制造	Manufacture of Broadcasting and TV Equipment	1649
非专业视听设备制造	Manufacture of Non-professional Audio-visual Equipment	31413
电子器件制造	Manufacture of Electronic Appliances	260369
#电子真空器件制造	Manufacture of Electronic Vacuum Appliances	4297
半导体分立器件制造	Manufacture of Semiconductor Discreting Appliances	2538
集成电路制造	Manufacture of Integrate Circuit	152078
光电子器件	Manufacture of Optoelectronic Devices	36748
电子元件及电子专用材料制造	Manufacture of Electronic Components and Electronic Specialized Materials	26125
#电阻电容电感元件制造	Manufacture of Resistance, Capacitance and Inductance Components	1324
电子电路制造	Manufacture of Electronic Circuit	6409
电子专用材料制造	Manufacture of Electronic Specialized Materials	11297
智能消费设备制造	Manufacturing of Intelligent Consumption Equipment	11556
其他电子设备制造	Other Electronic Equipment	25811
计算机及办公设备制造业	**Manufacture of Computers and Office Equipments**	**76312**
#计算机整机制造	Manufacture of Entired Computer	70184
计算机零部件制造	Manufacture of Parts and Fixture for Computer	490
计算机外围设备制造	Manufacture of Computer Peripheral Equipment	1368
办公设备制造	Manufacture of Office Equipment	809
医疗仪器设备及仪器仪表制造业	Manufacture of Medical Equipments and Meters	38299
#医疗仪器设备及器械制造	Manufacture of Medical Equipment and Appliances	1779
#医疗诊断、监护及治疗设备制造	Manufacture of Medical Diagnosis, Monitoring and Treatment Equipment	155
医疗、外科及兽医用器械制造	Manufacture of Medical, Surgical and Veterinary Instruments	1625
通用仪器仪表制造	Manufacture of General Instruments	12961
专用仪器仪表制造	Manufacture of Special Instruments	2199
信息化学品制造业	**Manufacture of Electronic Chemicals**	**2220**

continued

#政府资金 Government Funds	#企业资金 Self-raised Funds by Enterprises	R&D经费外部支出(万元) External Expenditure on R&D (10000 yuan)	新产品开发项目数(项) New Products (item)	新产品开发经费支出(万元) Expenditure on New Products Development	新产品销售收入(万元) Sales Revenue of New Products (10000 yuan)
1240928	**6236432**	**996665**	**15504**	**8435571**	**87959244**
41476	**592179**	**153735**	**3704**	**727261**	**9519497**
14789	302772	120580	1988	348971	4727058
13753	125150	23239	967	156392	3190896
10580	125844	5694	487	176559	901742
522689	**3975741**	**360643**	**6614**	**4860042**	**56033890**
56663	22095	191	300	84727	227931
6640	101935	3904	328	150339	2590461
5781	78249	2315	184	115905	2117722
112027	1516167	134155	1532	1813448	20690439
70589	1300658	101436	823	1498381	17386364
6404	121330	25370	423	169513	2809739
35034	94179	7349	286	145554	494336
324	25973	4	183	32323	396276
30627	522690	33762	721	560547	10113821
198787	1283730	151748	2178	1529550	16771049
2945	35512	2763	294	48597	280381
1115	18454	2185	90	23232	187111
69421	328930	88521	502	401127	1412076
4836	209242	14903	255	238686	3903460
68600	359587	30170	956	459226	4129978
1564	26664	2372	257	36467	342917
592	63585	95	135	82816	728075
2713	132127	1735	225	112513	1707097
20176	38102	5564	155	69516	578976
28845	105463	1148	261	160368	534958
70175	**603232**	**54916**	**897**	**726071**	**7771939**
35888	359098	19728	295	405781	5977260
17071	10114	10619	53	39959	147890
1491	51331	2875	249	65583	381395
2902	41661	6710	141	52770	412256
63019	300020	27990	2255	423510	2928860
1533	18869	463	143	23999	264235
97	2516	34	36	3121	20448
1289	15631	364	89	19514	243593
13557	172732	24436	1308	226931	1636199
3743	50980	680	477	68511	267760
737	**40380**	**1842**	**123**	**41614**	**546669**

2-1-4 续表 2

行 业	Industry	#出口 Exports
合计	**Total**	**16881560**
医药制造业	**Manufacture of Medicines**	**798972**
#化学药品制造	Manufacture of Chemical Medicine	694486
中成药生产	Manufacture of Finished Traditional Chinese Herbal Medicine	8993
生物药品制品制造	Manufacture of Biopharmaceutical Products	58349
电子及通信设备制造业	**Manufacture of Electronic Equipment and Communication Equipment**	**14785899**
电子工业专用设备制造	Manufacture of Special Equipment for Electronic Industry	32102
光纤光缆及锂离子电池制造	Manufacture of Optical Fiber and Cable, and Lithium Ion Battery	620462
#锂离子电池制造	Manufacture of Lithium Ion Batteries	592605
#通信设备、雷达及配套设备制造	Manufacture of Communication Equipment, Radar and Matching Equipment	5776925
#通信系统设备制造	Manufacture of Communication System Equipment	5266236
通信终端设备制造	Manufacture of Communication Terminal Equipment	507667
雷达及配套设备制造	Manufacture of Radar and Related Equipment	3022
广播电视设备制造	Manufacture of Broadcasting and TV Equipment	105310
非专业视听设备制造	Manufacture of Non-professional Audio-visual Equipment	1356466
电子器件制造	Manufacture of Electronic Appliances	6387464
#电子真空器件制造	Manufacture of Electronic Vacuum Appliances	16137
半导体分立器件制造	Manufacture of Semiconductor Discreting Appliances	33883
集成电路制造	Manufacture of Integrate Circuit	701245
光电子器件	Manufacture of Optoelectronic Devices	1892392
电子元件及电子专用材料制造	Manufacture of Electronic Components and Electronic Specialized Materials	447125
#电阻电容电感元件制造	Manufacture of Resistance, Capacitance and Inductance Components	13428
电子电路制造	Manufacture of Electronic Circuit	120343
电子专用材料制造	Manufacture of Electronic Specialized Materials	226128
智能消费设备制造	Manufacturing of Intelligent Consumption Equipment	16379
其他电子设备制造	Other Electronic Equipment	43665
计算机及办公设备制造业	**Manufacture of Computers and Office Equipments**	**730580**
#计算机整机制造	Manufacture of Entired Computer	518146
计算机零部件制造	Manufacture of Parts and Fixture for Computer	
计算机外围设备制造	Manufacture of Computer Peripheral Equipment	41320
办公设备制造	Manufacture of Office Equipment	103821
医疗仪器设备及仪器仪表制造业	**Manufacture of Medical Equipments and Meters**	**114723**
#医疗仪器设备及器械制造	Manufacture of Medical Equipment and Appliances	24845
#医疗诊断、监护及治疗设备制造	Manufacture of Medical Diagnosis, Monitoring and Treatment Equipment	
医疗、外科及兽医用器械制造	Manufacture of Medical, Surgical and Veterinary Instruments	24735
通用仪器仪表制造	Manufacture of General Instruments	23924
专用仪器仪表制造	Manufacture of Special Instruments	3441
信息化学品制造业	**Manufacture of Electronic Chemicals**	**259959**

continued

专利申请数 (件) Patent Applications (unit)		有效发明专利数 (件) Number of Patents In Force (unit)	引进技术经费支出 (万元) Expenditure for Acquisition of Foreign Technology (10000 yuan)	消化吸收经费支出 (万元) Expenditure for Assimilation of Technology (10000 yuan)	购买境内技术经费支出 (万元) Expenditure for Purchase of Domestic Technology (10000 yuan)
	#发明专利 Invention Patents				
46685	**31451**	**98619**	**193053**	**31326**	**691292**
1938	**1133**	**6029**	**10465**	**16479**	**58886**
842	490	3027	4934	8006	34020
691	397	1834	488	23	3499
272	170	824	5043	8451	20103
26132	**17893**	**71142**	**70046**	**6888**	**340257**
596	455	1770			
684	268	734			
542	202	471			
6671	4709	37923	103		6966
5407	4071	36227			209
690	311	1063	103		1981
574	327	633			4776
232	112	164			
4179	2682	5524	8735	5528	256530
9407	6987	16641	58555	1360	52420
304	143	255		9	3352
178	95	229			252
1651	1261	4653	2759	1351	1784
1419	1028	2388	2220		584
1967	1017	4088	2195		24206
208	101	435	1112		70
315	98	563			
412	201	594	1076		82
1408	1033	1668			67
988	630	2630	458		68
9561	**7362**	**4329**	**746**	**83**	**58108**
7604	6283	1189	663		26
224	145	131			8644
719	268	738	83	83	638
542	257	1079			
2544	**1338**	**4801**	**1570**		**166**
208	73	254	1570		
61	52	38	1570		
141	19	202			
1538	820	3108			166
373	189	586			
290	**252**	**550**	**559**		**501**

2-1-4 续表 3

行 业	Industry	技术改造经费支出(万元) Expenditure for Technical Renovation (10000 yuan)
合计	**Total**	**1544838**
医药制造业	**Manufacture of Medicines**	**110598**
#化学药品制造	Manufacture of Chemical Medicine	88802
中成药生产	Manufacture of Finished Traditional Chinese Herbal Medicine	17278
生物药品制品制造	Manufacture of Biopharmaceutical Products	2887
电子及通信设备制造业	**Manufacture of Electronic Equipment and Communication Equipment**	**754541**
电子工业专用设备制造	Manufacture of Special Equipment for Electronic Industry	89
光纤光缆及锂离子电池制造	Manufacture of Optical Fiber and Cable, and Lithium Ion Battery	19018
#锂离子电池制造	Manufacture of Lithium Ion Batteries	16513
#通信设备、雷达及配套设备制造	Manufacture of Communication Equipment, Radar and Matching Equipment	33362
#通信系统设备制造	Manufacture of Communication System Equipment	7323
通信终端设备制造	Manufacture of Communication Terminal Equipment	23593
雷达及配套设备制造	Manufacture of Radar and Related Equipment	2446
广播电视设备制造	Manufacture of Broadcasting and TV Equipment	1800
非专业视听设备制造	Manufacture of Non-professional Audio-visual Equipment	138293
电子器件制造	Manufacture of Electronic Appliances	454111
#电子真空器件制造	Manufacture of Electronic Vacuum Appliances	13437
半导体分立器件制造	Manufacture of Semiconductor Discreting Appliances	5427
集成电路制造	Manufacture of Integrate Circuit	32993
光电子器件	Manufacture of Optoelectronic Devices	87326
电子元件及电子专用材料制造	Manufacture of Electronic Components and Electronic Specialized Materials	95215
#电阻电容电感元件制造	Manufacture of Resistance, Capacitance and Inductance Components	1619
电子电路制造	Manufacture of Electronic Circuit	27197
电子专用材料制造	Manufacture of Electronic Specialized Materials	53314
智能消费设备制造	Manufacturing of Intelligent Consumption Equipment	7361
其他电子设备制造	Other Electronic Equipment	5292
计算机及办公设备制造业	**Manufacture of Computers and Office Equipments**	**171341**
#计算机整机制造	Manufacture of Entired Computer	152108
计算机零部件制造	Manufacture of Parts and Fixture for Computer	15055
计算机外围设备制造	Manufacture of Computer Peripheral Equipment	2180
办公设备制造	Manufacture of Office Equipment	1998
医疗仪器设备及仪器仪表制造业	**Manufacture of Medical Equipments and Meters**	**32815**
#医疗仪器设备及器械制造	Manufacture of Medical Equipment and Appliances	1204
#医疗诊断、监护及治疗设备制造	Manufacture of Medical Diagnosis, Monitoring and Treatment Equipment	
医疗、外科及兽医用器械制造	Manufacture of Medical, Surgical and Veterinary Instruments	1169
通用仪器仪表制造	Manufacture of General Instruments	6185
专用仪器仪表制造	Manufacture of Special Instruments	6668
信息化学品制造业	**Manufacture of Electronic Chemicals**	**6081**

continued

有研发机构的企业数(个) Number of Enterprises with R&D Institutions (unit)	机构数(个) R&D Institutions (unit)	机构人员(人) Personnel in R&D Institutions (person)	机构经费支出(万元) Expenditure in R&D Institutions (10000 yuan)	#仪器设备 Equipment
716	**1172**	**187674**	**6108095**	**7505489**
193	**305**	**16686**	**587583**	**481767**
89	140	8650	291980	254490
69	108	5382	153645	108207
20	40	1864	117815	101020
318	**515**	**110260**	**3984731**	**4907602**
11	16	1572	73197	25488
23	35	1599	51886	40939
16	22	1157	33711	21406
72	134	52266	1810946	921027
39	82	43829	1554154	653640
21	35	4937	157315	57889
12	17	3500	99477	209499
10	15	1000	17720	11346
15	36	16728	657712	220131
94	146	22918	991903	3312067
6	8	1395	26155	40850
7	7	630	17482	13673
23	35	2045	74632	282937
20	25	2008	173610	2566717
71	101	10308	212881	211804
15	21	819	20584	15831
11	20	2950	70649	52942
20	25	1946	73488	87067
8	10	1705	55423	112951
14	22	2164	113064	51849
37	**73**	**24567**	**595398**	**561567**
8	18	14165	339350	463898
3	4	2115	25234	39931
14	17	2956	66436	18829
8	22	1938	56192	18563
79	**134**	**9370**	**237560**	**325004**
5	9	1034	17245	32859
2	2	48	1123	805
3	7	986	16122	32054
48	69	4955	143750	181192
18	24	1521	38208	42587
8	**10**	**814**	**33795**	**33265**

2-1-5 按行业分内资企业高技术产业研发相关情况(2018年)

行 业	Industry	有R&D活动的企业数(个) Number of Enterprises Having R&D Activities (unit)
合计	**Total**	**14207**
医药制造业	**Manufacture of Medicines**	**3425**
#化学药品制造	Manufacture of Chemical Medicine	1259
中成药生产	Manufacture of Finished Traditional Chinese Herbal Medicine	751
生物药品制品制造	Manufacture of Biopharmaceutical Products	480
电子及通信设备制造业	**Manufacture of Electronic Equipment and Communication Equipment**	**6834**
电子工业专用设备制造	Manufacture of Special Equipment for Electronic Industry	339
光纤光缆及锂离子电池制造	Manufacture of Optical Fiber and Cable, and Lithium Ion Battery	601
#锂离子电池制造	Manufacture of Lithium Ion Batteries	462
#通信设备、雷达及配套设备制造	Manufacture of Communication Equipment, Radar and Matching Equipment	901
#通信系统设备制造	Manufacture of Communication System Equipment	438
通信终端设备制造	Manufacture of Communication Terminal Equipment	413
雷达及配套设备制造	Manufacture of Radar and Related Equipment	50
广播电视设备制造	Manufacture of Broadcasting and TV Equipment	246
非专业视听设备制造	Manufacture of Non-professional Audio-visual Equipment	324
电子器件制造	Manufacture of Electronic Appliances	1570
#电子真空器件制造	Manufacture of Electronic Vacuum Appliances	154
半导体分立器件制造	Manufacture of Semiconductor Discreting Appliances	174
集成电路制造	Manufacture of Integrate Circuit	245
光电子器件	Manufacture of Optoelectronic Devices	347
电子元件及电子专用材料制造	Manufacture of Electronic Components and Electronic Specialized Materials	2064
#电阻电容电感元件制造	Manufacture of Resistance, Capacitance and Inductance Components	376
电子电路制造	Manufacture of Electronic Circuit	412
电子专用材料制造	Manufacture of Electronic Specialized Materials	371
智能消费设备制造	Manufacturing of Intelligent Consumption Equipment	302
其他电子设备制造	Other Electronic Equipment	487
计算机及办公设备制造业	**Manufacture of Computers and Office Equipments**	**718**
#计算机整机制造	Manufacture of Entired Computer	84
计算机零部件制造	Manufacture of Parts and Fixture for Computer	189
计算机外围设备制造	Manufacture of Computer Peripheral Equipment	216
办公设备制造	Manufacture of Office Equipment	104
医疗仪器设备及仪器仪表制造业	**Manufacture of Medical Equipments and Meters**	**2878**
#医疗仪器设备及器械制造	Manufacture of Medical Equipment and Appliances	833
#医疗诊断、监护及治疗设备制造	Manufacture of Medical Diagnosis, Monitoring and Treatment Equipment	271
医疗、外科及兽医用器械制造	Manufacture of Medical, Surgical and Veterinary Instruments	232
通用仪器仪表制造	Manufacture of General Instruments	1366
专用仪器仪表制造	Manufacture of Special Instruments	441
信息化学品制造业	**Manufacture of Electronic Chemicals**	**94**

R&D Statistics on High-tech Industry of Domestic Funded Enterprises by Industrial Sector(2018)

R&D人员 (人) R&D Personnel (person)	#全时人员 Full-time Personnel	#研究人员 Researchers	R&D人员折合全时当量 (人年) Full-time Equivalent (man-year)	R&D经费内部支出 (万元) Intramural Expenditure on R&D (10000 yuan)	#人员劳务费 Labor Cost
846752	**675726**	**329717**	**630431**	**26856728**	**11168635**
152824	**111988**	**57483**	**102652**	**4472453**	**1162817**
73100	55032	28698	48740	2383329	605939
33443	22309	12219	22555	744356	211573
20416	15491	8588	13845	738258	193959
492512	**403767**	**189401**	**382674**	**17206208**	**7893200**
11816	9616	4110	9180	338004	132873
33143	25696	11891	22520	1228919	313291
26702	21577	9569	17939	910248	253189
180131	156738	88312	160690	8006278	4691178
139435	123318	73325	131299	6536681	4023697
36111	29755	12800	26149	1320219	617556
4585	3665	2187	3241	149378	49925
10175	8152	3187	7248	200493	78819
29475	23706	9256	21521	852431	336250
93629	74798	33468	64747	3276784	1149319
5976	4359	1765	4422	126123	37857
7435	5505	2539	5284	202236	60466
16744	13752	7292	11792	863095	301772
23045	17454	7850	13662	624959	196435
90781	71283	23438	65688	2303199	745203
12298	9843	3484	8510	247499	81876
20695	15753	4635	15214	477281	158939
15092	11463	4100	10018	506576	103063
20278	15075	7733	15068	475739	226888
23084	18703	8006	16012	524362	219378
51066	**43206**	**21726**	**34610**	**1133785**	**594692**
18715	16720	9921	11827	470855	253851
6495	5374	1635	4369	133145	51888
10406	8375	3529	6977	189451	89521
5603	4293	2030	4220	121115	58333
107393	**84494**	**40860**	**77090**	**2460755**	**1068479**
29206	23714	10897	20883	686496	305382
11948	10056	5224	8550	332423	169158
8104	6133	2631	5588	158332	63685
51533	41252	19941	37598	1187274	542145
16230	13145	6299	11755	371732	156160
4420	**3093**	**1797**	**2691**	**153310**	**46280**

2-1-5 续表 1

行 业	Industry	#仪器和设备 Equipment
合计	**Total**	**2716670**
医药制造业	**Manufacture of Medicines**	**470629**
#化学药品制造	Manufacture of Chemical Medicine	269450
中成药生产	Manufacture of Finished Traditional Chinese Herbal Medicine	61492
生物药品制品制造	Manufacture of Biopharmaceutical Products	73094
电子及通信设备制造业	**Manufacture of Electronic Equipment and Communication Equipment**	**1873125**
电子工业专用设备制造	Manufacture of Special Equipment for Electronic Industry	22206
光纤光缆及锂离子电池制造	Manufacture of Optical Fiber and Cable, and Lithium Ion Battery	227948
#锂离子电池制造	Manufacture of Lithium Ion Batteries	171643
#通信设备、雷达及配套设备制造	Manufacture of Communication Equipment, Radar and Matching Equipment	688523
#通信系统设备制造	Manufacture of Communication System Equipment	579074
通信终端设备制造	Manufacture of Communication Terminal Equipment	81674
雷达及配套设备制造	Manufacture of Radar and Related Equipment	27776
广播电视设备制造	Manufacture of Broadcasting and TV Equipment	23017
非专业视听设备制造	Manufacture of Non-professional Audio-visual Equipment	59724
电子器件制造	Manufacture of Electronic Appliances	517630
#电子真空器件制造	Manufacture of Electronic Vacuum Appliances	13373
半导体分立器件制造	Manufacture of Semiconductor Discreting Appliances	48550
集成电路制造	Manufacture of Integrate Circuit	197222
光电子器件	Manufacture of Optoelectronic Devices	92075
电子元件及电子专用材料制造	Manufacture of Electronic Components and Electronic Specialized Materials	232046
#电阻电容电感元件制造	Manufacture of Resistance, Capacitance and Inductance Components	23855
电子电路制造	Manufacture of Electronic Circuit	55550
电子专用材料制造	Manufacture of Electronic Specialized Materials	65114
智能消费设备制造	Manufacturing of Intelligent Consumption Equipment	54832
其他电子设备制造	Other Electronic Equipment	47200
计算机及办公设备制造业	**Manufacture of Computers and Office Equipments**	**107695**
#计算机整机制造	Manufacture of Entired Computer	74548
计算机零部件制造	Manufacture of Parts and Fixture for Computer	13506
计算机外围设备制造	Manufacture of Computer Peripheral Equipment	8645
办公设备制造	Manufacture of Office Equipment	2987
医疗仪器设备及仪器仪表制造业	**Manufacture of Medical Equipments and Meters**	**185795**
#医疗仪器设备及器械制造	Manufacture of Medical Equipment and Appliances	43486
#医疗诊断、监护及治疗设备制造	Manufacture of Medical Diagnosis, Monitoring and Treatment Equipment	15740
医疗、外科及兽医用器械制造	Manufacture of Medical, Surgical and Veterinary Instruments	13222
通用仪器仪表制造	Manufacture of General Instruments	85760
专用仪器仪表制造	Manufacture of Special Instruments	23107
信息化学品制造业	**Manufacture of Electronic Chemicals**	**12828**

continued

#政府资金 Government Funds	#企业资金 Self-raised Funds by Enterprises	R&D经费外部支出(万元) External Expenditure on R&D (10000 yuan)	新产品开发项目数(项) New Products (item)	新产品开发经费支出(万元) Expenditure on New Products Development	新产品销售收入(万元) Sales Revenue of New Products (10000 yuan)
1861555	**24809019**	**3823348**	**106519**	**35201705**	**364092067**
190069	**4252114**	**766955**	**26623**	**5004163**	**51081493**
78928	2292319	504853	12258	2545703	27635963
46646	690918	120161	5776	912336	10567949
37324	696635	111697	3696	837993	5138290
872504	**16285033**	**2176868**	**50546**	**23706438**	**260273476**
72912	264365	4054	2393	454060	2913923
43909	1178931	28023	4139	1567721	20738004
29814	876457	17403	3120	1127077	15599930
176206	7821770	2049723	8089	11888021	124363449
114165	6419096	761752	3793	9773192	48948954
25391	1290130	1279488	3862	1937517	74678540
36649	112544	8483	434	177312	735955
6875	192985	4344	1812	282358	3191610
35531	812186	44403	3156	1056918	18367601
341172	2920052	172250	12534	4030571	44134012
6859	119264	4959	1145	160679	1405978
7690	194114	3124	1093	237118	1801379
140142	721572	95825	2368	1032772	5577522
18597	597775	8407	2647	843074	12744399
122639	2170198	94526	12212	3068824	33370479
10918	234769	4425	1994	300668	2916990
6790	469808	4607	2590	989529	9262958
19282	485597	6664	2123	549771	7510030
31153	444038	62208	2466	655317	7774268
42108	480507	17337	3745	702648	5420130
86633	**1033580**	**81806**	**6156**	**1481298**	**16218704**
39028	421013	22566	958	529965	8743570
20405	111470	13520	1321	193446	1965282
3783	185043	4615	1740	279273	2133869
5410	115033	8897	784	161755	1106826
159163	**2281017**	**93358**	**20181**	**3084667**	**21761904**
44690	639137	24318	5818	880811	5647111
34051	296702	12129	2167	425588	2371239
4681	153080	2825	1466	206332	1594613
48374	1125604	54083	9492	1455690	11664069
17451	350706	9773	3172	472398	2734494
6396	**146812**	**2709**	**566**	**179461**	**2939184**

2-1-5 续表 2

行 业	Industry	#出口 Exports
合计	**Total**	**73750611**
医药制造业	**Manufacture of Medicines**	**3797127**
#化学药品制造	Manufacture of Chemical Medicine	2794016
中成药生产	Manufacture of Finished Traditional Chinese Herbal Medicine	40390
生物药品制品制造	Manufacture of Biopharmaceutical Products	549297
电子及通信设备制造业	**Manufacture of Electronic Equipment and Communication Equipment**	**62990543**
电子工业专用设备制造	Manufacture of Special Equipment for Electronic Industry	437699
光纤光缆及锂离子电池制造	Manufacture of Optical Fiber and Cable, and Lithium Ion Battery	2928883
#锂离子电池制造	Manufacture of Lithium Ion Batteries	1648416
#通信设备、雷达及配套设备制造	Manufacture of Communication Equipment, Radar and Matching Equipment	27969235
#通信系统设备制造	Manufacture of Communication System Equipment	17934998
通信终端设备制造	Manufacture of Communication Terminal Equipment	9982600
雷达及配套设备制造	Manufacture of Radar and Related Equipment	51637
广播电视设备制造	Manufacture of Broadcasting and TV Equipment	671772
非专业视听设备制造	Manufacture of Non-professional Audio-visual Equipment	4705396
电子器件制造	Manufacture of Electronic Appliances	12758673
#电子真空器件制造	Manufacture of Electronic Vacuum Appliances	164345
半导体分立器件制造	Manufacture of Semiconductor Discreting Appliances	206397
集成电路制造	Manufacture of Integrate Circuit	2294734
光电子器件	Manufacture of Optoelectronic Devices	3545626
电子元件及电子专用材料制造	Manufacture of Electronic Components and Electronic Specialized Materials	8636738
#电阻电容电感元件制造	Manufacture of Resistance, Capacitance and Inductance Components	343174
电子电路制造	Manufacture of Electronic Circuit	1921413
电子专用材料制造	Manufacture of Electronic Specialized Materials	1225428
智能消费设备制造	Manufacturing of Intelligent Consumption Equipment	3689106
其他电子设备制造	Other Electronic Equipment	1193041
计算机及办公设备制造业	**Manufacture of Computers and Office Equipments**	**3663835**
#计算机整机制造	Manufacture of Entired Computer	2044108
计算机零部件制造	Manufacture of Parts and Fixture for Computer	446322
计算机外围设备制造	Manufacture of Computer Peripheral Equipment	702544
办公设备制造	Manufacture of Office Equipment	145427
医疗仪器设备及仪器仪表制造业	**Manufacture of Medical Equipments and Meters**	**2490916**
#医疗仪器设备及器械制造	Manufacture of Medical Equipment and Appliances	774921
#医疗诊断、监护及治疗设备制造	Manufacture of Medical Diagnosis, Monitoring and Treatment Equipment	162190
医疗、外科及兽医用器械制造	Manufacture of Medical, Surgical and Veterinary Instruments	284469
通用仪器仪表制造	Manufacture of General Instruments	1048973
专用仪器仪表制造	Manufacture of Special Instruments	333543
信息化学品制造业	**Manufacture of Electronic Chemicals**	**577361**

continued

专利申请数 (件) Patent Applications (unit)	 #发明专利 Invention Patents	有效发明专利数 (件) Number of Patents In Force (unit)	引进技术经费支出 (万元) Expenditure for Acquisition of Foreign Technology (10000 yuan)	消化吸收经费支出 (万元) Expenditure for Assimilation of Technology (10000 yuan)	购买境内技术经费支出 (万元) Expenditure for Purchase of Domestic Technology (10000 yuan)
218146	**114578**	**348416**	**1189361**	**72328**	**2296690**
18747	**9773**	**37799**	**30810**	**32516**	**191687**
6439	3724	15171	19941	23276	114550
3682	1837	10735	2292	392	19197
2912	1767	5752	8377	8845	43937
142666	**78795**	**247632**	**1033384**	**31277**	**1786159**
4685	1806	6077	120	25	1172
10378	4126	8089	19037	15312	34543
8631	3539	6039	16237	7812	32319
34117	26009	141923	880490	316	1357840
24808	20660	129859	959	23	902
8454	4900	11068	879526	158	1352152
855	449	996	5	135	4786
2333	786	2002	184		528
9344	4127	8108	12280	7184	267128
31062	16201	41122	113467	18	72649
1373	408	1059		9	3372
1931	793	2123			1233
4137	2756	9157	51679		7367
7121	2422	6342	3914		2962
36392	19874	28399	7339	8074	46865
3237	1151	2961	1112		2861
19535	12955	8273	4611	3	15962
3276	1402	3627	1076		703
6573	2419	4447			2809
7782	3447	7465	468	348	2626
16689	**9478**	**11229**	**2736**	**83**	**63035**
8070	6362	1984	1630		180
1941	490	1463			8661
2651	833	3926	644	83	1098
2002	682	2195	27		642
31438	**11741**	**37519**	**3017**	**576**	**21799**
10035	4016	13133	2464	168	5774
4720	2357	6677	2336	3	3026
2264	708	2485	92	165	1130
14665	5408	16929			5491
4609	1470	4362	553	408	3917
1413	**881**	**1583**	**559**		**561**

2-1-5 续表 3

行 业	Industry	技术改造经费支出(万元) Expenditure for Technical Renovation (10000 yuan)
合计	**Total**	**4040866**
医药制造业	**Manufacture of Medicines**	**731402**
#化学药品制造	Manufacture of Chemical Medicine	497273
中成药生产	Manufacture of Finished Traditional Chinese Herbal Medicine	86883
生物药品制品制造	Manufacture of Biopharmaceutical Products	46825
电子及通信设备制造业	**Manufacture of Electronic Equipment and Communication Equipment**	**2415943**
电子工业专用设备制造	Manufacture of Special Equipment for Electronic Industry	22043
光纤光缆及锂离子电池制造	Manufacture of Optical Fiber and Cable, and Lithium Ion Battery	228476
#锂离子电池制造	Manufacture of Lithium Ion Batteries	189603
#通信设备、雷达及配套设备制造	Manufacture of Communication Equipment, Radar and Matching Equipment	251717
#通信系统设备制造	Manufacture of Communication System Equipment	51640
通信终端设备制造	Manufacture of Communication Terminal Equipment	194509
雷达及配套设备制造	Manufacture of Radar and Related Equipment	5568
广播电视设备制造	Manufacture of Broadcasting and TV Equipment	27482
非专业视听设备制造	Manufacture of Non-professional Audio-visual Equipment	193447
电子器件制造	Manufacture of Electronic Appliances	971168
#电子真空器件制造	Manufacture of Electronic Vacuum Appliances	36973
半导体分立器件制造	Manufacture of Semiconductor Discreting Appliances	30518
集成电路制造	Manufacture of Integrate Circuit	129661
光电子器件	Manufacture of Optoelectronic Devices	190229
电子元件及电子专用材料制造	Manufacture of Electronic Components and Electronic Specialized Materials	598908
#电阻电容电感元件制造	Manufacture of Resistance, Capacitance and Inductance Components	73868
电子电路制造	Manufacture of Electronic Circuit	260978
电子专用材料制造	Manufacture of Electronic Specialized Materials	99388
智能消费设备制造	Manufacturing of Intelligent Consumption Equipment	70411
其他电子设备制造	Other Electronic Equipment	52291
计算机及办公设备制造业	**Manufacture of Computers and Office Equipments**	**228490**
#计算机整机制造	Manufacture of Entired Computer	160343
计算机零部件制造	Manufacture of Parts and Fixture for Computer	33046
计算机外围设备制造	Manufacture of Computer Peripheral Equipment	10326
办公设备制造	Manufacture of Office Equipment	14166
医疗仪器设备及仪器仪表制造业	**Manufacture of Medical Equipments and Meters**	**170164**
#医疗仪器设备及器械制造	Manufacture of Medical Equipment and Appliances	27930
#医疗诊断、监护及治疗设备制造	Manufacture of Medical Diagnosis, Monitoring and Treatment Equipment	**10194**
医疗、外科及兽医用器械制造	Manufacture of Medical, Surgical and Veterinary Instruments	8041
通用仪器仪表制造	Manufacture of General Instruments	75749
专用仪器仪表制造	Manufacture of Special Instruments	32015
信息化学品制造业	**Manufacture of Electronic Chemicals**	**17696**

continued

有研发机构的企业数 (个) Number of Enterprises with R&D Institutions (unit)	机构数 (个) R&D Institutions (unit)	机构人员 (人) Personnel in R&D Institutions (person)	机构经费支出 (万元) Expenditure in R&D Institutions (10000 yuan)	#仪器设备 Equipment
10515	**12933**	**746731**	**29051655**	**17315398**
2122	**2762**	**107910**	**3639686**	**2856108**
814	1102	52800	2066388	1576453
446	563	24609	610653	464570
256	360	13528	545044	464346
5589	**6767**	**471283**	**21449511**	**10627537**
288	322	12144	321179	106163
469	625	28892	1000302	754465
359	439	22258	725427	441230
695	996	185220	12873812	2496445
331	472	143124	11126521	1641217
335	485	37309	1621618	631212
29	39	4787	125673	224016
206	233	9160	184153	130120
339	415	31622	1048795	384117
1300	1543	81003	2779534	4705694
129	138	4948	103988	95321
123	155	5940	133520	160691
199	254	12983	593087	560353
278	318	16247	589117	2805695
1637	1886	83869	2279782	1528605
283	321	9811	189196	139939
358	405	22583	956129	425039
254	305	10012	328442	346373
244	286	18021	495676	317084
411	461	21352	466280	204844
639	**777**	**48726**	**1107846**	**1128422**
94	116	17900	458106	502763
175	200	8538	150793	108134
177	202	10424	211671	409498
87	120	5471	131996	47842
1966	**2335**	**87377**	**2033510**	**1322476**
534	610	22046	553739	253313
169	**204**	**8889**	**284530**	**88003**
153	176	6168	139251	94280
954	1143	43630	1017242	742828
310	377	14189	311437	197027
59	**76**	**3468**	**111076**	**108777**

2-1-6 按行业分国有企业高技术产业研发相关情况(2018年)

行 业	Industry	有R&D活动的企业数(个) Number of Enterprises Having R&D Activities (unit)
合计	**Total**	**52**
医药制造业	**Manufacture of Medicines**	**14**
#化学药品制造	Manufacture of Chemical Medicine	4
中成药生产	Manufacture of Finished Traditional Chinese Herbal Medicine	4
生物药品制品制造	Manufacture of Biopharmaceutical Products	1
电子及通信设备制造业	**Manufacture of Electronic Equipment and Communication Equipment**	**12**
电子工业专用设备制造	Manufacture of Special Equipment for Electronic Industry	1
光纤光缆及锂离子电池制造	Manufacture of Optical Fiber and Cable, and Lithium Ion Battery	
#锂离子电池制造	Manufacture of Lithium Ion Batteries	
#通信设备、雷达及配套设备制造	Manufacture of Communication Equipment, Radar and Matching Equipment	4
#通信系统设备制造	Manufacture of Communication System Equipment	2
通信终端设备制造	Manufacture of Communication Terminal Equipment	1
雷达及配套设备制造	Manufacture of Radar and Related Equipment	1
广播电视设备制造	Manufacture of Broadcasting and TV Equipment	
非专业视听设备制造	Manufacture of Non-professional Audio-visual Equipment	
电子器件制造	Manufacture of Electronic Appliances	3
#电子真空器件制造	Manufacture of Electronic Vacuum Appliances	2
半导体分立器件制造	Manufacture of Semiconductor Discreting Appliances	
集成电路制造	Manufacture of Integrate Circuit	
光电子器件	Manufacture of Optoelectronic Devices	1
电子元件及电子专用材料制造	Manufacture of Electronic Components and Electronic Specialized Materials	4
#电阻电容电感元件制造	Manufacture of Resistance, Capacitance and Inductance Components	1
电子电路制造	Manufacture of Electronic Circuit	
电子专用材料制造	Manufacture of Electronic Specialized Materials	2
智能消费设备制造	Manufacturing of Intelligent Consumption Equipment	
其他电子设备制造	Other Electronic Equipment	
计算机及办公设备制造业	**Manufacture of Computers and Office Equipments**	
#计算机整机制造	Manufacture of Entired Computer	
计算机零部件制造	Manufacture of Parts and Fixture for Computer	
计算机外围设备制造	Manufacture of Computer Peripheral Equipment	
办公设备制造	Manufacture of Office Equipment	
医疗仪器设备及仪器仪表制造业	**Manufacture of Medical Equipments and Meters**	**8**
#医疗仪器设备及器械制造	Manufacture of Medical Equipment and Appliances	1
#医疗诊断、监护及治疗设备制造	Manufacture of Medical Diagnosis, Monitoring and Treatment Equipment	
医疗、外科及兽医用器械制造	Manufacture of Medical, Surgical and Veterinary Instruments	1
通用仪器仪表制造	Manufacture of General Instruments	1
专用仪器仪表制造	Manufacture of Special Instruments	5
信息化学品制造业	**Manufacture of Electronic Chemicals**	

R&D Statistics on High-tech Industry of State-owned Enterprises by Industrial Sector (2018)

R&D人员 (人) R&D Personnel (person)	#全时人员 Full-time Personnel	#研究人员 Researchers	R&D人员折合全时当量 (人年) Full-time Equivalent (man-year)	R&D经费内部支出 (万元) Intramural Expenditure on R&D (10000 yuan)	#人员劳务费 Labor Cost
9915	**7275**	**4803**	**8544**	**232415**	**78805**
488	**327**	**206**	**380**	**8872**	**2929**
55	48	26	48	2908	949
76	33	36	47	1436	501
31	28	11	29	255	118
632	**522**	**276**	**418**	**24354**	**6747**
13	6	5	8	204	110
202	182	103	155	15670	4826
51	46	29	45	1184	642
134	121	64	95	3578	2615
17	15	10	16	10908	1569
72	41	24	57	961	374
33	6	7	27	527	194
39	35	17	30	435	180
345	293	144	198	7520	1437
56	50	19	45	1338	501
228	205	90	135	4141	319
1376	**802**	**642**	**949**	**24531**	**9567**
1037	552	502	687	15727	6756
1037	552	502	687	15727	6756
38	34	22	32	1020	583
254	174	94	195	5803	1601

2-1-6 续表 1

行　业	Industry	#仪器和设备 Equipment
合计	**Total**	**16396**
医药制造业	**Manufacture of Medicines**	**524**
#化学药品制造	Manufacture of Chemical Medicine	43
中成药生产	Manufacture of Finished Traditional Chinese Herbal Medicine	63
生物药品制品制造	Manufacture of Biopharmaceutical Products	
电子及通信设备制造业	**Manufacture of Electronic Equipment and Communication Equipment**	**5628**
电子工业专用设备制造	Manufacture of Special Equipment for Electronic Industry	
光纤光缆及锂离子电池制造	Manufacture of Optical Fiber and Cable, and Lithium Ion Battery	
#锂离子电池制造	Manufacture of Lithium Ion Batteries	
#通信设备、雷达及配套设备制造	Manufacture of Communication Equipment, Radar and Matching Equipment	3910
#通信系统设备制造	Manufacture of Communication System Equipment	12
通信终端设备制造	Manufacture of Communication Terminal Equipment	4
雷达及配套设备制造	Manufacture of Radar and Related Equipment	3894
广播电视设备制造	Manufacture of Broadcasting and TV Equipment	
非专业视听设备制造	Manufacture of Non-professional Audio-visual Equipment	
电子器件制造	Manufacture of Electronic Appliances	
#电子真空器件制造	Manufacture of Electronic Vacuum Appliances	
半导体分立器件制造	Manufacture of Semiconductor Discreting Appliances	
集成电路制造	Manufacture of Integrate Circuit	
光电子器件	Manufacture of Optoelectronic Devices	
电子元件及电子专用材料制造	Manufacture of Electronic Components and Electronic Specialized Materials	1718
#电阻电容电感元件制造	Manufacture of Resistance, Capacitance and Inductance Components	
电子电路制造	Manufacture of Electronic Circuit	
电子专用材料制造	Manufacture of Electronic Specialized Materials	1323
智能消费设备制造	Manufacturing of Intelligent Consumption Equipment	
其他电子设备制造	Other Electronic Equipment	
计算机及办公设备制造业	**Manufacture of Computers and Office Equipments**	
#计算机整机制造	Manufacture of Entired Computer	
计算机零部件制造	Manufacture of Parts and Fixture for Computer	
计算机外围设备制造	Manufacture of Computer Peripheral Equipment	
办公设备制造	Manufacture of Office Equipment	
医疗仪器设备及仪器仪表制造业	**Manufacture of Medical Equipments and Meters**	**1589**
#医疗仪器设备及器械制造	Manufacture of Medical Equipment and Appliances	1438
#医疗诊断、监护及治疗设备制造	Manufacture of Medical Diagnosis, Monitoring and Treatment Equipment	
医疗、外科及兽医用器械制造	Manufacture of Medical, Surgical and Veterinary Instruments	1438
通用仪器仪表制造	Manufacture of General Instruments	60
专用仪器仪表制造	Manufacture of Special Instruments	90
信息化学品制造业	**Manufacture of Electronic Chemicals**	

continued

#政府资金 Government Funds	#企业资金 Self-raised Funds by Enterprises	R&D经费外部支出（万元） External Expenditure on R&D (10000 yuan)	新产品开发项目数（项） New Products (item)	新产品开发经费支出（万元） Expenditure on New Products Development	新产品销售收入（万元） Sales Revenue of New Products (10000 yuan)
42773	**187106**	**11909**	**541**	**273881**	**2076174**
382	**8329**	**223**	**97**	**7305**	**127558**
3	2905		13	2240	79818
68	1368	20	16	1294	2400
40	215		5	330	2041
1468	**22557**	**147**	**136**	**32839**	**80358**
40	164		8	740	4577
	15433	19	51	20090	42798
	1184	19	16	3591	42636
	3341		34	5575	
	10908		1	10924	162
16	946	20	16	1501	1064
	527		6	527	1064
16	419	20	10	975	
1412	6015	108	61	10507	31919
	1338		1	1326	21082
1239	2809	17	42	4663	
1350	**23085**	**561**	**122**	**29401**	**251487**
1289	14438	364	60	18207	217250
1289	14438	364	60	18207	217250
61	863	97	8	1755	14302
	5803		37	6726	15203

2-1-6 续表 2

行 业	Industry	#出口 Exports
合计	**Total**	**55202**
医药制造业	**Manufacture of Medicines**	**485**
#化学药品制造	Manufacture of Chemical Medicine	394
中成药生产	Manufacture of Finished Traditional Chinese Herbal Medicine	
生物药品制品制造	Manufacture of Biopharmaceutical Products	
电子及通信设备制造业	**Manufacture of Electronic Equipment and Communication Equipment**	**1208**
电子工业专用设备制造	Manufacture of Special Equipment for Electronic Industry	1208
光纤光缆及锂离子电池制造	Manufacture of Optical Fiber and Cable, and Lithium Ion Battery	
#锂离子电池制造	Manufacture of Lithium Ion Batteries	
#通信设备、雷达及配套设备制造	Manufacture of Communication Equipment, Radar and Matching Equipment	
#通信系统设备制造	Manufacture of Communication System Equipment	
通信终端设备制造	Manufacture of Communication Terminal Equipment	
雷达及配套设备制造	Manufacture of Radar and Related Equipment	
广播电视设备制造	Manufacture of Broadcasting and TV Equipment	
非专业视听设备制造	Manufacture of Non-professional Audio-visual Equipment	
电子器件制造	Manufacture of Electronic Appliances	
#电子真空器件制造	Manufacture of Electronic Vacuum Appliances	
半导体分立器件制造	Manufacture of Semiconductor Discreting Appliances	
集成电路制造	Manufacture of Integrate Circuit	
光电子器件	Manufacture of Optoelectronic Devices	
电子元件及电子专用材料制造	Manufacture of Electronic Components and Electronic Specialized Materials	
#电阻电容电感元件制造	Manufacture of Resistance, Capacitance and Inductance Components	
电子电路制造	Manufacture of Electronic Circuit	
电子专用材料制造	Manufacture of Electronic Specialized Materials	
智能消费设备制造	Manufacturing of Intelligent Consumption Equipment	
其他电子设备制造	Other Electronic Equipment	
计算机及办公设备制造业	**Manufacture of Computers and Office Equipments**	
#计算机整机制造	Manufacture of Entired Computer	
计算机零部件制造	Manufacture of Parts and Fixture for Computer	
计算机外围设备制造	Manufacture of Computer Peripheral Equipment	
办公设备制造	Manufacture of Office Equipment	
医疗仪器设备及仪器仪表制造业	**Manufacture of Medical Equipments and Meters**	**9267**
#医疗仪器设备及器械制造	Manufacture of Medical Equipment and Appliances	9200
#医疗诊断、监护及治疗设备制造	Manufacture of Medical Diagnosis, Monitoring and Treatment Equipment	
医疗、外科及兽医用器械制造	Manufacture of Medical, Surgical and Veterinary Instruments	9200
通用仪器仪表制造	Manufacture of General Instruments	
专用仪器仪表制造	Manufacture of Special Instruments	67
信息化学品制造业	**Manufacture of Electronic Chemicals**	

continued

专利申请数 (件) Patent Applications (unit)	#发明专利 Invention Patents	有效发明专利数 (件) Number of Patents In Force (unit)	引进技术经费支出 (万元) Expenditure for Acquisition of Foreign Technology (10000 yuan)	消化吸收经费支出 (万元) Expenditure for Assimilation of Technology (10000 yuan)	购买境内技术经费支出 (万元) Expenditure for Purchase of Domestic Technology (10000 yuan)
1081	**583**	**2231**	**1076**		**1280**
35	**27**	**114**			
		38			
5	4	12			
4	4	12			
185	**90**	**285**	**1076**		
8	2	12			
34	12	59			
14	5	35			
14	1	2			
6	6	22			
18	9	45			
18	9	45			
125	67	169	1076		
		19			
51	36	123	1076		
188	**45**	**212**			
127	14	168			
127	14	168			
25	13	15			
30	13	24			

2-1-6 续表 3

行业	Industry	技术改造经费支出(万元) Expenditure for Technical Renovation (10000 yuan)
合计	**Total**	**8884**
医药制造业	**Manufacture of Medicines**	**1685**
#化学药品制造	Manufacture of Chemical Medicine	395
中成药生产	Manufacture of Finished Traditional Chinese Herbal Medicine	565
生物药品制品制造	Manufacture of Biopharmaceutical Products	
电子及通信设备制造业	**Manufacture of Electronic Equipment and Communication Equipment**	
电子工业专用设备制造	Manufacture of Special Equipment for Electronic Industry	
光纤光缆及锂离子电池制造	Manufacture of Optical Fiber and Cable, and Lithium Ion Battery	
#锂离子电池制造	Manufacture of Lithium Ion Batteries	
#通信设备、雷达及配套设备制造	Manufacture of Communication Equipment, Radar and Matching Equipment	
#通信系统设备制造	Manufacture of Communication System Equipment	
通信终端设备制造	Manufacture of Communication Terminal Equipment	
雷达及配套设备制造	Manufacture of Radar and Related Equipment	
广播电视设备制造	Manufacture of Broadcasting and TV Equipment	
非专业视听设备制造	Manufacture of Non-professional Audio-visual Equipment	
电子器件制造	Manufacture of Electronic Appliances	
#电子真空器件制造	Manufacture of Electronic Vacuum Appliances	
半导体分立器件制造	Manufacture of Semiconductor Discreting Appliances	
集成电路制造	Manufacture of Integrate Circuit	
光电子器件	Manufacture of Optoelectronic Devices	
电子元件及电子专用材料制造	Manufacture of Electronic Components and Electronic Specialized Materials	
#电阻电容电感元件制造	Manufacture of Resistance, Capacitance and Inductance Components	
电子电路制造	Manufacture of Electronic Circuit	
电子专用材料制造	Manufacture of Electronic Specialized Materials	
智能消费设备制造	Manufacturing of Intelligent Consumption Equipment	
其他电子设备制造	Other Electronic Equipment	
计算机及办公设备制造业	**Manufacture of Computers and Office Equipments**	
#计算机整机制造	Manufacture of Entired Computer	
计算机零部件制造	Manufacture of Parts and Fixture for Computer	
计算机外围设备制造	Manufacture of Computer Peripheral Equipment	
办公设备制造	Manufacture of Office Equipment	
医疗仪器设备及仪器仪表制造业	**Manufacture of Medical Equipments and Meters**	**1341**
#医疗仪器设备及器械制造	Manufacture of Medical Equipment and Appliances	1169
#医疗诊断、监护及治疗设备制造	Manufacture of Medical Diagnosis, Monitoring and Treatment Equipment	
医疗、外科及兽医用器械制造	Manufacture of Medical, Surgical and Veterinary Instruments	1169
通用仪器仪表制造	Manufacture of General Instruments	
专用仪器仪表制造	Manufacture of Special Instruments	
信息化学品制造业	**Manufacture of Electronic Chemicals**	

continued

有研发机构的企业数 (个) Number of Enterprises with R&D Institutions (unit)	机构数 (个) R&D Institutions (unit)	机构人员 (人) Personnel in R&D Institutions (person)	机构经费支出 (万元) Expenditure in R&D Institutions (10000 yuan)	#仪器设备 Equipment
31	**61**	**8152**	**165582**	**515585**
9	**10**	**291**	**7515**	**3414**
2	2	74	2838	1443
3	4	83	575	808
1	1	46	370	23
6	**11**	**1045**	**10463**	**107632**
2	7	167	5089	91616
1	6	119	5028	492
1	1	48	61	91124
4	4	878	5373	16016
1	1	24	1193	1058
1	1	715	1199	12059
5	**9**	**1228**	**21960**	**34864**
1	4	920	15031	30792
1	4	920	15031	30792
1	1	56	1127	574
3	4	252	5803	3497

2-1-7 按行业分港澳台投资企业高技术产业研发相关情况(2018年)

行业	Industry	有R&D活动的企业数(个) Number of Enterprises Having R&D Activities (unit)
合计	**Total**	**1434**
医药制造业	**Manufacture of Medicines**	**208**
#化学药品制造	Manufacture of Chemical Medicine	92
中成药生产	Manufacture of Finished Traditional Chinese Herbal Medicine	42
生物药品制品制造	Manufacture of Biopharmaceutical Products	45
电子及通信设备制造业	**Manufacture of Electronic Equipment and Communication Equipment**	**914**
电子工业专用设备制造	Manufacture of Special Equipment for Electronic Industry	29
光纤光缆及锂离子电池制造	Manufacture of Optical Fiber and Cable, and Lithium Ion Battery	53
#锂离子电池制造	Manufacture of Lithium Ion Batteries	42
#通信设备、雷达及配套设备制造	Manufacture of Communication Equipment, Radar and Matching Equipment	74
#通信系统设备制造	Manufacture of Communication System Equipment	26
通信终端设备制造	Manufacture of Communication Terminal Equipment	47
雷达及配套设备制造	Manufacture of Radar and Related Equipment	1
广播电视设备制造	Manufacture of Broadcasting and TV Equipment	26
非专业视听设备制造	Manufacture of Non-professional Audio-visual Equipment	71
电子器件制造	Manufacture of Electronic Appliances	204
#电子真空器件制造	Manufacture of Electronic Vacuum Appliances	16
半导体分立器件制造	Manufacture of Semiconductor Discreting Appliances	15
集成电路制造	Manufacture of Integrate Circuit	45
光电子器件	Manufacture of Optoelectronic Devices	40
电子元件及电子专用材料制造	Manufacture of Electronic Components and Electronic Specialized Materials	374
#电阻电容电感元件制造	Manufacture of Resistance, Capacitance and Inductance Components	75
电子电路制造	Manufacture of Electronic Circuit	112
电子专用材料制造	Manufacture of Electronic Specialized Materials	29
智能消费设备制造	Manufacturing of Intelligent Consumption Equipment	26
其他电子设备制造	Other Electronic Equipment	57
计算机及办公设备制造业	**Manufacture of Computers and Office Equipments**	**130**
#计算机整机制造	Manufacture of Entired Computer	14
计算机零部件制造	Manufacture of Parts and Fixture for Computer	58
计算机外围设备制造	Manufacture of Computer Peripheral Equipment	36
办公设备制造	Manufacture of Office Equipment	15
医疗仪器设备及仪器仪表制造业	**Manufacture of Medical Equipments and Meters**	**163**
#医疗仪器设备及器械制造	Manufacture of Medical Equipment and Appliances	60
#医疗诊断、监护及治疗设备制造	Manufacture of Medical Diagnosis, Monitoring and Treatment Equipment	14
医疗、外科及兽医用器械制造	Manufacture of Medical, Surgical and Veterinary Instruments	18
通用仪器仪表制造	Manufacture of General Instruments	66
专用仪器仪表制造	Manufacture of Special Instruments	18
信息化学品制造业	**Manufacture of Electronic Chemicals**	**10**

R&D Statistics on High-tech Industry of Enterprises with Funds from Hong Kong, Macau and Taiwan by Industrial Sector (2018)

R&D人员 (人) R&D Personnel (person)	#全时人员 Full-time Personnel	#研究人员 Researchers	R&D人员折合全时当量 (人年) Full-time Equivalent (man-year)	R&D经费内部支出 (万元) Intramural Expenditure on R&D (10000 yuan)	#人员劳务费 Labor Cost
156748	**125245**	**50798**	**115854**	**4510188**	**1787306**
16447	**13510**	**7200**	**11415**	**674512**	**184303**
9794	8080	4622	6467	431166	118055
2454	1949	987	1905	52993	17485
2738	2272	1102	1977	142663	34452
112833	**92589**	**34113**	**85594**	**3080415**	**1295286**
1708	1367	439	1532	30244	11423
6659	4662	1890	3962	234612	108571
6271	4351	1802	3646	222034	104264
26436	23167	12285	20901	886575	473319
14615	12939	7977	13605	523729	333548
11817	10224	4306	7296	362786	139725
4	4	2	0	61	46
1917	1675	622	1089	64957	28720
8522	5866	2612	5930	212355	77807
32197	28033	8251	26278	818062	329497
3024	2705	518	2878	52498	26969
786	572	209	485	19225	6795
6927	6089	2909	5363	344718	156093
2433	2063	540	1371	51732	16699
25545	19869	5573	18669	582224	169504
3797	2985	955	2931	127485	28386
11741	9314	2403	8798	216089	69042
1246	711	294	836	46456	7416
2947	2166	1023	2319	108713	53107
6902	5784	1416	4915	142673	43337
17977	**11850**	**6058**	**11593**	**535850**	**201805**
9680	5026	3669	4725	265867	114460
4956	4081	1276	4021	164894	42155
1572	1222	491	1245	33699	13451
1243	1066	411	1130	35044	20326
8100	**6279**	**2919**	**6304**	**194048**	**95365**
2594	2053	931	2102	68630	33054
661	540	303	570	21538	12355
604	417	227	464	13066	6397
3332	2723	1254	2558	77724	42727
472	402	140	332	12703	5024
418	**343**	**179**	**290**	**11527**	**1994**

2-1-7 续表 1

行 业	Industry	#仪器和设备 Equipment
合计	**Total**	**457864**
医药制造业	**Manufacture of Medicines**	**49727**
#化学药品制造	Manufacture of Chemical Medicine	30061
中成药生产	Manufacture of Finished Traditional Chinese Herbal Medicine	4983
生物药品制品制造	Manufacture of Biopharmaceutical Products	11047
电子及通信设备制造业	**Manufacture of Electronic Equipment and Communication Equipment**	**372802**
电子工业专用设备制造	Manufacture of Special Equipment for Electronic Industry	3576
光纤光缆及锂离子电池制造	Manufacture of Optical Fiber and Cable, and Lithium Ion Battery	32833
#锂离子电池制造	Manufacture of Lithium Ion Batteries	32629
#通信设备、雷达及配套设备制造	Manufacture of Communication Equipment, Radar and Matching Equipment	47740
#通信系统设备制造	Manufacture of Communication System Equipment	22953
通信终端设备制造	Manufacture of Communication Terminal Equipment	24787
雷达及配套设备制造	Manufacture of Radar and Related Equipment	
广播电视设备制造	Manufacture of Broadcasting and TV Equipment	11830
非专业视听设备制造	Manufacture of Non-professional Audio-visual Equipment	5353
电子器件制造	Manufacture of Electronic Appliances	127293
#电子真空器件制造	Manufacture of Electronic Vacuum Appliances	488
半导体分立器件制造	Manufacture of Semiconductor Discreting Appliances	1053
集成电路制造	Manufacture of Integrate Circuit	77633
光电子器件	Manufacture of Optoelectronic Devices	12668
电子元件及电子专用材料制造	Manufacture of Electronic Components and Electronic Specialized Materials	97079
#电阻电容电感元件制造	Manufacture of Resistance, Capacitance and Inductance Components	49211
电子电路制造	Manufacture of Electronic Circuit	21628
电子专用材料制造	Manufacture of Electronic Specialized Materials	2107
智能消费设备制造	Manufacturing of Intelligent Consumption Equipment	3227
其他电子设备制造	Other Electronic Equipment	43874
计算机及办公设备制造业	**Manufacture of Computers and Office Equipments**	**20772**
#计算机整机制造	Manufacture of Entired Computer	1686
计算机零部件制造	Manufacture of Parts and Fixture for Computer	4295
计算机外围设备制造	Manufacture of Computer Peripheral Equipment	4005
办公设备制造	Manufacture of Office Equipment	1483
医疗仪器设备及仪器仪表制造业	**Manufacture of Medical Equipments and Meters**	**11547**
#医疗仪器设备及器械制造	Manufacture of Medical Equipment and Appliances	1996
#医疗诊断、监护及治疗设备制造	Manufacture of Medical Diagnosis, Monitoring and Treatment Equipment	155
医疗、外科及兽医用器械制造	Manufacture of Medical, Surgical and Veterinary Instruments	760
通用仪器仪表制造	Manufacture of General Instruments	3845
专用仪器仪表制造	Manufacture of Special Instruments	1995
信息化学品制造业	**Manufacture of Electronic Chemicals**	**1026**

continued

#政府资金 Government Funds	#企业资金 Self-raised Funds by Enterprises	R&D经费外部支出(万元) External Expenditure on R&D (10000 yuan)	新产品开发项目数(项) New Products (item)	新产品开发经费支出(万元) Expenditure on New Products Development	新产品销售收入(万元) Sales Revenue of New Products (10000 yuan)
95099	**4372910**	**383096**	**12662**	**5775727**	**118007181**
23260	**646132**	**117190**	**2717**	**763791**	**6818345**
15140	413377	84326	1371	480466	3758711
2561	50357	10960	474	61527	1244114
4034	136243	20722	575	161570	828016
55770	**3002259**	**221907**	**7210**	**3816707**	**86807405**
730	29069		184	38291	404673
1861	232467	984	406	271067	4396182
1825	219964	984	345	258089	4119624
19607	866384	129364	788	1014936	46612148
16248	507168	117356	243	555023	5001760
3359	359156	12008	539	459696	41558889
	61		6	217	51500
50	64861	7	190	77198	1071570
3517	207445	974	596	330644	6032962
11933	794390	62856	1865	893832	12343662
58	52349	10	147	59368	1112441
616	18581	141	100	26423	808682
6947	329145	10451	443	366377	1582292
1991	49172	16974	301	65812	1610138
12424	562112	4018	2471	837106	12381194
4186	117220	663	429	151241	1257145
4452	210883	1753	866	322574	5133603
527	45873	1017	167	86027	1764427
5485	103025	22561	372	181158	1366033
164	142507	1143	338	172475	2198981
4893	**517328**	**25868**	**1139**	**900790**	**22202446**
1484	253482	20790	341	568112	14787289
1023	163120	235	378	199037	3725087
1377	30401	4227	263	41968	2911988
1010	33979	592	87	35614	283190
10705	**182297**	**18085**	**1353**	**257611**	**1881270**
6448	61834	10282	547	88908	506851
1503	20029	8222	64	26552	38033
983	11927	42	171	19104	172395
3292	74240	4921	517	97420	791423
17	12438	19	131	16291	132060
341	**11186**	**21**	**59**	**12734**	**194374**

2-1-7 续表 2

行业	Industry	#出口 Exports
合计	**Total**	**67883509**
医药制造业	**Manufacture of Medicines**	**240165**
#化学药品制造	Manufacture of Chemical Medicine	102833
中成药生产	Manufacture of Finished Traditional Chinese Herbal Medicine	38695
生物药品制品制造	Manufacture of Biopharmaceutical Products	73152
电子及通信设备制造业	**Manufacture of Electronic Equipment and Communication Equipment**	**56885968**
电子工业专用设备制造	Manufacture of Special Equipment for Electronic Industry	97836
光纤光缆及锂离子电池制造	Manufacture of Optical Fiber and Cable, and Lithium Ion Battery	1943608
#锂离子电池制造	Manufacture of Lithium Ion Batteries	1914120
#通信设备、雷达及配套设备制造	Manufacture of Communication Equipment, Radar and Matching Equipment	33652806
#通信系统设备制造	Manufacture of Communication System Equipment	736623
通信终端设备制造	Manufacture of Communication Terminal Equipment	32914395
雷达及配套设备制造	Manufacture of Radar and Related Equipment	1787
广播电视设备制造	Manufacture of Broadcasting and TV Equipment	187538
非专业视听设备制造	Manufacture of Non-professional Audio-visual Equipment	3448208
电子器件制造	Manufacture of Electronic Appliances	8600477
#电子真空器件制造	Manufacture of Electronic Vacuum Appliances	976610
半导体分立器件制造	Manufacture of Semiconductor Discreting Appliances	532258
集成电路制造	Manufacture of Integrate Circuit	956427
光电子器件	Manufacture of Optoelectronic Devices	1053967
电子元件及电子专用材料制造	Manufacture of Electronic Components and Electronic Specialized Materials	7031199
#电阻电容电感元件制造	Manufacture of Resistance, Capacitance and Inductance Components	699225
电子电路制造	Manufacture of Electronic Circuit	3057045
电子专用材料制造	Manufacture of Electronic Specialized Materials	219453
智能消费设备制造	Manufacturing of Intelligent Consumption Equipment	456346
其他电子设备制造	Other Electronic Equipment	1467951
计算机及办公设备制造业	**Manufacture of Computers and Office Equipments**	**10297579**
#计算机整机制造	Manufacture of Entired Computer	4862559
计算机零部件制造	Manufacture of Parts and Fixture for Computer	2781970
计算机外围设备制造	Manufacture of Computer Peripheral Equipment	2249183
办公设备制造	Manufacture of Office Equipment	63277
医疗仪器设备及仪器仪表制造业	**Manufacture of Medical Equipments and Meters**	**361728**
#医疗仪器设备及器械制造	Manufacture of Medical Equipment and Appliances	126603
#医疗诊断、监护及治疗设备制造	Manufacture of Medical Diagnosis, Monitoring and Treatment Equipment	11954
医疗、外科及兽医用器械制造	Manufacture of Medical, Surgical and Veterinary Instruments	30741
通用仪器仪表制造	Manufacture of General Instruments	100303
专用仪器仪表制造	Manufacture of Special Instruments	17924
信息化学品制造业	**Manufacture of Electronic Chemicals**	**12696**

continued

专利申请数 (件) Patent Applications (unit)	#发明专利 Invention Patents	有效发明专利数 (件) Number of Patents In Force (unit)	引进技术经费支出 (万元) Expenditure for Acquisition of Foreign Technology (10000 yuan)	消化吸收经费支出 (万元) Expenditure for Assimilation of Technology (10000 yuan)	购买境内技术经费支出 (万元) Expenditure for Purchase of Domestic Technology (10000 yuan)
26090	**13248**	**40232**	**63236**	**3871**	**71823**
1258	**722**	**3560**	**6376**	**3424**	**50118**
539	354	2197	6342	3424	42780
272	117	550			4068
254	156	579			3031
19458	**9730**	**23603**	**39593**	**406**	**20883**
329	120	177			
696	284	1065	492	401	17158
617	266	883	492	401	17158
6034	3821	6834			408
4910	3261	5765			
1119	559	1068			408
5	1	1			
365	113	310			
1339	669	2230	756		130
3575	1884	5690	18761		2154
58	8	190			
191	98	359			
860	646	2279	2868		1106
740	509	649	822		262
3099	1192	5441	3861	5	946
435	145	760	29		558
1043	391	1560	2896	5	78
157	56	342			
3541	1494	1095			76
480	153	761	15723		11
3424	**2131**	**9856**	**7560**	**40**	**777**
2114	1559	7149			
436	129	448	6796		
580	289	1064	764	40	777
184	64	320			
1789	**616**	**3002**	**9708**		**45**
803	308	1728	8571		
149	74	327	8571		
268	89	909			
449	86	864	177		4
67	18	142	960		
60	**23**	**85**			

2-1-7 续表 3

行 业	Industry	技术改造经费支出（万元） Expenditure for Technical Renovation (10000 yuan)
合计	**Total**	**981414**
医药制造业	**Manufacture of Medicines**	**88558**
#化学药品制造	Manufacture of Chemical Medicine	74843
中成药生产	Manufacture of Finished Traditional Chinese Herbal Medicine	10308
生物药品制品制造	Manufacture of Biopharmaceutical Products	3083
电子及通信设备制造业	**Manufacture of Electronic Equipment and Communication Equipment**	**679386**
电子工业专用设备制造	Manufacture of Special Equipment for Electronic Industry	775
光纤光缆及锂离子电池制造	Manufacture of Optical Fiber and Cable, and Lithium Ion Battery	77998
#锂离子电池制造	Manufacture of Lithium Ion Batteries	77607
#通信设备、雷达及配套设备制造	Manufacture of Communication Equipment, Radar and Matching Equipment	15139
#通信系统设备制造	Manufacture of Communication System Equipment	3385
通信终端设备制造	Manufacture of Communication Terminal Equipment	11744
雷达及配套设备制造	Manufacture of Radar and Related Equipment	10
广播电视设备制造	Manufacture of Broadcasting and TV Equipment	10665
非专业视听设备制造	Manufacture of Non-professional Audio-visual Equipment	13274
电子器件制造	Manufacture of Electronic Appliances	356940
#电子真空器件制造	Manufacture of Electronic Vacuum Appliances	7
半导体分立器件制造	Manufacture of Semiconductor Discreting Appliances	
集成电路制造	Manufacture of Integrate Circuit	88779
光电子器件	Manufacture of Optoelectronic Devices	17902
电子元件及电子专用材料制造	Manufacture of Electronic Components and Electronic Specialized Materials	180338
#电阻电容电感元件制造	Manufacture of Resistance, Capacitance and Inductance Components	18831
电子电路制造	Manufacture of Electronic Circuit	61686
电子专用材料制造	Manufacture of Electronic Specialized Materials	49756
智能消费设备制造	Manufacturing of Intelligent Consumption Equipment	13090
其他电子设备制造	Other Electronic Equipment	11169
计算机及办公设备制造业	**Manufacture of Computers and Office Equipments**	**203565**
#计算机整机制造	Manufacture of Entired Computer	163768
计算机零部件制造	Manufacture of Parts and Fixture for Computer	33943
计算机外围设备制造	Manufacture of Computer Peripheral Equipment	5119
办公设备制造	Manufacture of Office Equipment	676
医疗仪器设备及仪器仪表制造业	**Manufacture of Medical Equipments and Meters**	**7063**
#医疗仪器设备及器械制造	Manufacture of Medical Equipment and Appliances	5453
#医疗诊断、监护及治疗设备制造	Manufacture of Medical Diagnosis, Monitoring and Treatment Equipment	546
医疗、外科及兽医用器械制造	Manufacture of Medical, Surgical and Veterinary Instruments	1841
通用仪器仪表制造	Manufacture of General Instruments	1103
专用仪器仪表制造	Manufacture of Special Instruments	
信息化学品制造业	**Manufacture of Electronic Chemicals**	

continued

有研发机构的企业数(个) Number of Enterprises with R&D Institutions (unit)	机构数(个) R&D Institutions (unit)	机构人员(人) Personnel in R&D Institutions (person)	机构经费支出(万元) Expenditure in R&D Institutions (10000 yuan)	#仪器设备 Equipment
1306	**1577**	**147617**	**4381196**	**2951387**
148	**217**	**13959**	**555059**	**505720**
72	114	9024	408016	359533
30	45	2065	44648	42483
31	43	2262	85858	91278
904	**1063**	**110930**	**3163362**	**2106771**
25	27	1644	27931	17078
45	59	5925	225052	105363
34	46	5516	209474	98381
67	82	29567	979182	446065
27	34	17363	641807	232415
38	46	12164	336839	213527
2	2	40	536	123
29	31	2647	77949	43103
74	90	7947	233631	68258
191	209	21328	635728	559217
16	16	527	11401	3830
16	17	851	20434	19986
36	45	5331	220772	309626
42	44	2993	57529	48863
393	471	30765	649611	734340
76	88	4290	98497	174700
123	150	14652	300847	374751
29	38	1404	34776	62452
26	38	3754	232649	52882
54	56	7353	101630	80464
117	**143**	**14489**	**437113**	**193968**
10	15	4592	158929	41524
50	57	6137	182812	111667
31	43	1826	40089	21970
16	16	1225	36117	9252
125	**140**	**7263**	**194156**	**113027**
46	51	2207	72966	49196
6	8	353	18493	2301
13	13	543	13475	31586
46	56	2412	59100	38369
13	13	489	8494	4527
6	**7**	**450**	**14376**	**12397**

2-1-8 按行业分外商投资企业高技术产业研发相关情况(2018年)

行　业	Industry	有R&D活动的企业数(个) Number of Enterprises Having R&D Activities (unit)
合计	**Total**	**1607**
医药制造业	**Manufacture of Medicines**	**247**
#化学药品制造	Manufacture of Chemical Medicine	108
中成药生产	Manufacture of Finished Traditional Chinese Herbal Medicine	23
生物药品制品制造	Manufacture of Biopharmaceutical Products	57
电子及通信设备制造业	**Manufacture of Electronic Equipment and Communication Equipment**	**913**
电子工业专用设备制造	Manufacture of Special Equipment for Electronic Industry	32
光纤光缆及锂离子电池制造	Manufacture of Optical Fiber and Cable, and Lithium Ion Battery	42
#锂离子电池制造	Manufacture of Lithium Ion Batteries	24
#通信设备、雷达及配套设备制造	Manufacture of Communication Equipment, Radar and Matching Equipment	87
#通信系统设备制造	Manufacture of Communication System Equipment	41
通信终端设备制造	Manufacture of Communication Terminal Equipment	45
雷达及配套设备制造	Manufacture of Radar and Related Equipment	1
广播电视设备制造	Manufacture of Broadcasting and TV Equipment	24
非专业视听设备制造	Manufacture of Non-professional Audio-visual Equipment	56
电子器件制造	Manufacture of Electronic Appliances	255
#电子真空器件制造	Manufacture of Electronic Vacuum Appliances	16
半导体分立器件制造	Manufacture of Semiconductor Discreting Appliances	32
集成电路制造	Manufacture of Integrate Circuit	68
光电子器件	Manufacture of Optoelectronic Devices	53
电子元件及电子专用材料制造	Manufacture of Electronic Components and Electronic Specialized Materials	347
#电阻电容电感元件制造	Manufacture of Resistance, Capacitance and Inductance Components	61
电子电路制造	Manufacture of Electronic Circuit	74
电子专用材料制造	Manufacture of Electronic Specialized Materials	45
智能消费设备制造	Manufacturing of Intelligent Consumption Equipment	19
其他电子设备制造	Other Electronic Equipment	43
计算机及办公设备制造业	**Manufacture of Computers and Office Equipments**	**135**
#计算机整机制造	Manufacture of Entired Computer	16
计算机零部件制造	Manufacture of Parts and Fixture for Computer	59
计算机外围设备制造	Manufacture of Computer Peripheral Equipment	35
办公设备制造	Manufacture of Office Equipment	15
医疗仪器设备及仪器仪表制造业	**Manufacture of Medical Equipments and Meters**	**286**
#医疗仪器设备及器械制造	Manufacture of Medical Equipment and Appliances	95
#医疗诊断、监护及治疗设备制造	Manufacture of Medical Diagnosis, Monitoring and Treatment Equipment	32
医疗、外科及兽医用器械制造	Manufacture of Medical, Surgical and Veterinary Instruments	25
通用仪器仪表制造	Manufacture of General Instruments	118
专用仪器仪表制造	Manufacture of Special Instruments	43
信息化学品制造业	**Manufacture of Electronic Chemicals**	**12**

R&D Statistics on High-tech Industry of Foreign Funded Enterprises by Industrial Sector (2018)

R&D人员 (人) R&D Personnel (person)	#全时人员 Full-time Personnel	#研究人员 Researchers	R&D人员折合全时当量 (人年) Full-time Equivalent (man-year)	R&D经费内部支出 (万元) Intramural Expenditure on R&D (10000 yuan)	#人员劳务费 Labor Cost
142926	**112505**	**46936**	**106182**	**4224239**	**1651022**
16491	**13126**	**7447**	**11852**	**661892**	**211005**
9655	7763	4692	6887	470456	137794
2584	2073	1198	1904	85530	31652
2207	1630	924	1595	67646	26269
87648	**67048**	**27452**	**63809**	**2447046**	**903834**
1384	1133	499	912	41763	16886
2833	2190	1131	1911	129006	31351
1705	1467	658	1125	50771	20132
16875	11616	6004	10955	414387	170054
5694	4630	2129	4515	137112	65494
11168	6975	3868	6433	275478	104239
13	11	7	7	1797	321
1613	1186	508	1316	34806	20963
4485	3617	1518	3297	144315	56192
24007	19185	7530	18562	837550	283810
1108	879	247	907	8569	2991
1664	1339	575	1301	45064	17352
9958	8286	3693	7682	436434	166409
2931	2365	867	2207	68812	27010
26901	21027	6411	19635	597610	187781
3794	2552	926	2714	77790	20308
11445	9703	2741	8242	273773	87264
2608	1807	750	1937	80046	19454
4544	2711	1862	3286	104807	51073
2362	2036	844	1873	46967	25883
23076	**19707**	**5921**	**19737**	**554418**	**280825**
10829	9700	2157	9628	261339	134948
5462	4309	980	4557	126980	48500
1945	1502	536	1327	44857	21470
1092	866	283	783	22143	13511
14851	**11934**	**5808**	**10157**	**520096**	**249075**
5557	4419	2382	3173	259390	118537
2500	2196	1257	1303	134246	62523
1696	1238	601	939	69797	35248
4974	3997	2002	3689	144695	80856
2863	2350	1078	2148	84101	35502
389	**329**	**127**	**282**	**16208**	**2952**

2-1-8 续表 1

行 业	Industry	#仪器和设备 Equipment
合计	**Total**	**349831**
医药制造业	**Manufacture of Medicines**	**57575**
#化学药品制造	Manufacture of Chemical Medicine	40792
中成药生产	Manufacture of Finished Traditional Chinese Herbal Medicine	10187
生物药品制品制造	Manufacture of Biopharmaceutical Products	3171
电子及通信设备制造业	**Manufacture of Electronic Equipment and Communication Equipment**	**235643**
电子工业专用设备制造	Manufacture of Special Equipment for Electronic Industry	3534
光纤光缆及锂离子电池制造	Manufacture of Optical Fiber and Cable, and Lithium Ion Battery	19108
#锂离子电池制造	Manufacture of Lithium Ion Batteries	4695
#通信设备、雷达及配套设备制造	Manufacture of Communication Equipment, Radar and Matching Equipment	33238
#通信系统设备制造	Manufacture of Communication System Equipment	5113
通信终端设备制造	Manufacture of Communication Terminal Equipment	27213
雷达及配套设备制造	Manufacture of Radar and Related Equipment	912
广播电视设备制造	Manufacture of Broadcasting and TV Equipment	779
非专业视听设备制造	Manufacture of Non-professional Audio-visual Equipment	9123
电子器件制造	Manufacture of Electronic Appliances	79182
#电子真空器件制造	Manufacture of Electronic Vacuum Appliances	1262
半导体分立器件制造	Manufacture of Semiconductor Discreting Appliances	10264
集成电路制造	Manufacture of Integrate Circuit	31560
光电子器件	Manufacture of Optoelectronic Devices	8463
电子元件及电子专用材料制造	Manufacture of Electronic Components and Electronic Specialized Materials	83480
#电阻电容电感元件制造	Manufacture of Resistance, Capacitance and Inductance Components	25079
电子电路制造	Manufacture of Electronic Circuit	25980
电子专用材料制造	Manufacture of Electronic Specialized Materials	7686
智能消费设备制造	Manufacturing of Intelligent Consumption Equipment	4587
其他电子设备制造	Other Electronic Equipment	1232
计算机及办公设备制造业	**Manufacture of Computers and Office Equipments**	**17746**
#计算机整机制造	Manufacture of Entired Computer	6602
计算机零部件制造	Manufacture of Parts and Fixture for Computer	6590
计算机外围设备制造	Manufacture of Computer Peripheral Equipment	1378
办公设备制造	Manufacture of Office Equipment	873
医疗仪器设备及仪器仪表制造业	**Manufacture of Medical Equipments and Meters**	**37959**
#医疗仪器设备及器械制造	Manufacture of Medical Equipment and Appliances	11981
#医疗诊断、监护及治疗设备制造	Manufacture of Medical Diagnosis, Monitoring and Treatment Equipment	1738
医疗、外科及兽医用器械制造	Manufacture of Medical, Surgical and Veterinary Instruments	3548
通用仪器仪表制造	Manufacture of General Instruments	13001
专用仪器仪表制造	Manufacture of Special Instruments	8569
信息化学品制造业	**Manufacture of Electronic Chemicals**	**295**

continued

#政府资金 Government Funds	#企业资金 Self-raised Funds by Enterprises	R&D经费外部支出(万元) External Expenditure on R&D (10000 yuan)	新产品开发项目数(项) New Products (item)	新产品开发经费支出(万元) Expenditure on New Products Development	新产品销售收入(万元) Sales Revenue of New Products (10000 yuan)
90459	**4054660**	**235194**	**12453**	**5411867**	**86842269**
14847	**637917**	**95792**	**2339**	**752642**	**5770524**
8338	454365	69328	1205	532725	4314131
2476	83030	16400	255	89660	420040
3125	64324	9284	501	82317	502992
60371	**2351406**	**97370**	**6695**	**3332296**	**56339548**
6751	34944	549	210	59742	488798
3253	124981	210	335	168449	2247359
1483	48541	78	175	72945	930776
631	408544	11178	777	385511	15656823
207	132742	2153	368	162483	2441189
424	274005	8952	372	221021	13215634
	1797	74	37	2007	
1284	33419	1314	211	48458	464825
5619	133723	13525	600	253216	7244019
38749	795381	26359	1757	1312147	14823898
15	8514	265	70	11355	318125
3332	40985	4561	203	54800	481793
29052	405025	12366	502	722111	2579532
1393	67280	73	452	116376	1072574
3267	584658	15735	2321	803067	11651462
818	76789	1399	395	102430	1700808
1050	270052	3974	609	350526	4030045
184	74476	406	287	87754	1202204
606	102977	40	149	119897	1921454
212	45030	3284	254	55938	1151498
2207	**529567**	**18686**	**1087**	**646771**	**19403429**
	239661	303	316	319210	13586716
622	126267	10695	307	118202	2427879
787	43882	3240	244	75916	1115764
190	21952	374	113	28132	872281
12955	**495775**	**23326**	**2208**	**624897**	**4133814**
8080	243685	11003	735	316086	955806
862	126337	5217	306	162965	474108
3192	66463	1103	192	89128	232979
1635	141130	1948	864	178418	1686804
816	81889	5029	425	91488	1162973
69	**16140**		**43**	**14693**	**361745**

2-1-8 续表 2

行业	Industry	#出口 Exports
合计	**Total**	**51686365**
医药制造业	**Manufacture of Medicines**	**834981**
#化学药品制造	Manufacture of Chemical Medicine	538712
中成药生产	Manufacture of Finished Traditional Chinese Herbal Medicine	73075
生物药品制品制造	Manufacture of Biopharmaceutical Products	85818
电子及通信设备制造业	**Manufacture of Electronic Equipment and Communication Equipment**	**32423839**
电子工业专用设备制造	Manufacture of Special Equipment for Electronic Industry	130915
光纤光缆及锂离子电池制造	Manufacture of Optical Fiber and Cable, and Lithium Ion Battery	269309
#锂离子电池制造	Manufacture of Lithium Ion Batteries	157158
#通信设备、雷达及配套设备制造	Manufacture of Communication Equipment, Radar and Matching Equipment	11771831
#通信系统设备制造	Manufacture of Communication System Equipment	1857179
通信终端设备制造	Manufacture of Communication Terminal Equipment	9914652
雷达及配套设备制造	Manufacture of Radar and Related Equipment	
广播电视设备制造	Manufacture of Broadcasting and TV Equipment	170764
非专业视听设备制造	Manufacture of Non-professional Audio-visual Equipment	2444090
电子器件制造	Manufacture of Electronic Appliances	9676557
#电子真空器件制造	Manufacture of Electronic Vacuum Appliances	69009
半导体分立器件制造	Manufacture of Semiconductor Discreting Appliances	327691
集成电路制造	Manufacture of Integrate Circuit	1087052
光电子器件	Manufacture of Optoelectronic Devices	623690
电子元件及电子专用材料制造	Manufacture of Electronic Components and Electronic Specialized Materials	6755077
#电阻电容电感元件制造	Manufacture of Resistance, Capacitance and Inductance Components	1072473
电子电路制造	Manufacture of Electronic Circuit	2432634
电子专用材料制造	Manufacture of Electronic Specialized Materials	417671
智能消费设备制造	Manufacturing of Intelligent Consumption Equipment	1018314
其他电子设备制造	Other Electronic Equipment	167951
计算机及办公设备制造业	**Manufacture of Computers and Office Equipments**	**16829970**
#计算机整机制造	Manufacture of Entired Computer	13051909
计算机零部件制造	Manufacture of Parts and Fixture for Computer	1808047
计算机外围设备制造	Manufacture of Computer Peripheral Equipment	784075
办公设备制造	Manufacture of Office Equipment	753862
医疗仪器设备及仪器仪表制造业	**Manufacture of Medical Equipments and Meters**	**1047312**
#医疗仪器设备及器械制造	Manufacture of Medical Equipment and Appliances	312045
#医疗诊断、监护及治疗设备制造	Manufacture of Medical Diagnosis, Monitoring and Treatment Equipment	147046
医疗、外科及兽医用器械制造	Manufacture of Medical, Surgical and Veterinary Instruments	100435
通用仪器仪表制造	Manufacture of General Instruments	395680
专用仪器仪表制造	Manufacture of Special Instruments	149755
信息化学品制造业	**Manufacture of Electronic Chemicals**	**4037**

continued

专利申请数 (件) Patent Applications (unit)	#发明专利 Invention Patents	有效发明专利数 (件) Number of Patents In Force (unit)	引进技术经费支出 (万元) Expenditure for Acquisition of Foreign Technology (10000 yuan)	消化吸收经费支出 (万元) Expenditure for Assimilation of Technology (10000 yuan)	购买境内技术经费支出 (万元) Expenditure for Purchase of Domestic Technology (10000 yuan)
20500	**9807**	**36489**	**143533**	**42277**	**25833**
1693	**999**	**4407**	**6339**	**222**	**7924**
924	681	2361	5964	57	7075
124	73	694	200		1
312	160	581	81		410
13799	**6457**	**23947**	**87201**	**34710**	**9993**
331	171	1126		215	
728	335	1239	14935		
473	194	427			
1479	851	3828	528		474
448	138	842	428		208
1018	700	2976	100		266
13	13	10			
477	247	1223	3774	5819	
3195	1330	1795	3281	26036	472
4592	2447	9712	12855	1669	650
69	18	34			
241	84	627		288	
1678	1310	4662	1907	1351	568
523	231	656			80
2232	859	4405	51828	943	8287
310	108	667	26131	240	
448	170	916	25044		682
359	166	745			
239	31	100			
455	163	400		29	111
1971	**1069**	**4263**	**1624**		**5562**
595	498	1739	463		125
547	125	782	1149		1883
446	186	510	13		3555
97	42	143			
2945	**1262**	**3751**	**48369**	**7344**	**2353**
1292	729	2067	43912		104
422	279	592	43502		
518	333	930	395		
1028	339	1126	3483	6889	85
416	88	267	783	455	2164
42	**13**	**85**			

2-1-8 续表 3

行 业	Industry	技术改造经费支出(万元) Expenditure for Technical Renovation (10000 yuan)
合计	**Total**	**543671**
医药制造业	**Manufacture of Medicines**	**76551**
#化学药品制造	Manufacture of Chemical Medicine	66975
中成药生产	Manufacture of Finished Traditional Chinese Herbal Medicine	771
生物药品制品制造	Manufacture of Biopharmaceutical Products	5952
电子及通信设备制造业	**Manufacture of Electronic Equipment and Communication Equipment**	**353513**
电子工业专用设备制造	Manufacture of Special Equipment for Electronic Industry	5735
光纤光缆及锂离子电池制造	Manufacture of Optical Fiber and Cable, and Lithium Ion Battery	9054
#锂离子电池制造	Manufacture of Lithium Ion Batteries	2094
#通信设备、雷达及配套设备制造	Manufacture of Communication Equipment, Radar and Matching Equipment	61653
#通信系统设备制造	Manufacture of Communication System Equipment	9108
通信终端设备制造	Manufacture of Communication Terminal Equipment	52545
雷达及配套设备制造	Manufacture of Radar and Related Equipment	
广播电视设备制造	Manufacture of Broadcasting and TV Equipment	5600
非专业视听设备制造	Manufacture of Non-professional Audio-visual Equipment	4742
电子器件制造	Manufacture of Electronic Appliances	144509
#电子真空器件制造	Manufacture of Electronic Vacuum Appliances	1214
半导体分立器件制造	Manufacture of Semiconductor Discreting Appliances	8854
集成电路制造	Manufacture of Integrate Circuit	37275
光电子器件	Manufacture of Optoelectronic Devices	4826
电子元件及电子专用材料制造	Manufacture of Electronic Components and Electronic Specialized Materials	121433
#电阻电容电感元件制造	Manufacture of Resistance, Capacitance and Inductance Components	27756
电子电路制造	Manufacture of Electronic Circuit	46223
电子专用材料制造	Manufacture of Electronic Specialized Materials	14901
智能消费设备制造	Manufacturing of Intelligent Consumption Equipment	29
其他电子设备制造	Other Electronic Equipment	759
计算机及办公设备制造业	**Manufacture of Computers and Office Equipments**	**80244**
#计算机整机制造	Manufacture of Entired Computer	27342
计算机零部件制造	Manufacture of Parts and Fixture for Computer	47104
计算机外围设备制造	Manufacture of Computer Peripheral Equipment	647
办公设备制造	Manufacture of Office Equipment	4665
医疗仪器设备及仪器仪表制造业	**Manufacture of Medical Equipments and Meters**	**33351**
#医疗仪器设备及器械制造	Manufacture of Medical Equipment and Appliances	8125
#医疗诊断、监护及治疗设备制造	Manufacture of Medical Diagnosis, Monitoring and Treatment Equipment	5942
医疗、外科及兽医用器械制造	Manufacture of Medical, Surgical and Veterinary Instruments	1668
通用仪器仪表制造	Manufacture of General Instruments	5892
专用仪器仪表制造	Manufacture of Special Instruments	17946
信息化学品制造业	**Manufacture of Electronic Chemicals**	**12**

continued

有研发机构的企业数 (个) Number of Enterprises with R&D Institutions (unit)	机构数 (个) R&D Institutions (unit)	机构人员 (人) Personnel in R&D Institutions (person)	机构经费支出 (万元) Expenditure in R&D Institutions (10000 yuan)	#仪器设备 Equipment
1358	**1542**	**116946**	**3551172**	**3526403**
157	**204**	**12930**	**577151**	**532129**
68	93	7605	399413	337099
15	29	2464	94897	94157
34	40	1486	54945	42543
844	**942**	**76499**	**2098689**	**2559584**
28	31	1177	33967	15625
36	45	2573	86097	145957
23	26	1812	52627	35067
80	90	11305	301998	144522
36	38	2774	83477	72814
44	52	8531	218520	71709
21	23	1479	39973	9176
63	72	5284	129307	66994
235	271	23474	758874	1582675
8	16	1110	12958	9646
27	29	1642	45269	58086
55	59	8636	260732	864349
56	63	3399	99584	105139
323	351	26625	560228	515506
55	62	4379	69255	61639
77	82	12318	284289	253570
39	42	1743	45494	63254
16	17	892	21685	19524
35	35	1049	20023	10176
136	**156**	**16255**	**492998**	**148483**
13	14	4850	192775	47165
57	58	4431	104932	51961
34	35	2120	56834	13420
19	21	1055	26873	10562
202	**217**	**10688**	**362748**	**261772**
74	78	3563	174471	101210
20	22	1356	71370	32759
18	18	1084	50191	33599
72	79	4146	111942	102341
31	34	1922	40260	41733
8	**8**	**213**	**10106**	**6799**

2-2-1 各地区高技术产业R&D人员情况(2018年)
R&D Personnel in High-tech Industry by Region(2018)

地区	Region	有R&D活动的企业数(个) Number of Enterprises Having R&D Activities (unit)	R&D人员(人) R&D Personnel (person)	#全时人员 Full-time Personnel	#研究人员 Researchers	R&D人员折合全时当量(人年) Full-time Equivalent (man-year)
全　国	**Total**	**17248**	**1146426**	**913476**	**427451**	**852467**
东部地区	Eastern Region	11845	837536	682854	314164	644181
中部地区	Middle Region	3197	172153	129336	60056	112950
西部地区	Western Region	1785	114240	83952	43369	80913
东北地区	Northeaastern Region	421	22497	17334	9862	14423
北　京	Beijing	466	30389	24844	14278	21991
天　津	Tianjin	238	21036	16891	9375	13550
河　北	Hebei	234	15619	12335	6201	10482
山　西	Shanxi	75	8338	6391	2728	3089
内蒙古	Inner Mongolia	39	2089	1654	651	1324
辽　宁	Liaoning	240	14518	11266	6466	9252
吉　林	Jilin	103	4280	3261	1764	2782
黑龙江	Heilongjiang	78	3699	2807	1632	2389
上　海	Shanghai	460	33047	27712	14130	24309
江　苏	Jiangsu	2943	157976	123146	51645	118287
浙　江	Zhejiang	1798	101673	82136	37040	82840
安　徽	Anhui	661	35512	24834	11997	22050
福　建	Fujian	645	51010	42299	18604	35789
江　西	Jiangxi	679	26921	21406	10481	20573
山　东	Shandong	898	75630	61240	33402	49617
河　南	Henan	425	33305	26182	10115	25166
湖　北	Hubei	573	36913	25112	13572	21735
湖　南	Hunan	784	31164	25411	11163	20338
广　东	Guangdong	4122	349061	290658	128709	286010
广　西	Guangxi	87	3331	2545	1400	1846
海　南	Hainan	41	2095	1593	780	1306
重　庆	Chongqing	393	21150	15725	7022	13489
四　川	Sichuan	584	44017	33548	17204	33144
贵　州	Guizhou	176	9137	6335	3299	6098
云　南	Yunnan	125	4293	3090	1425	3009
西　藏	Tibet	3	86	73	32	53
陕　西	Shaanxi	261	24469	16809	10108	18608
甘　肃	Gansu	52	2695	1838	1214	1546
青　海	Qinghai	16	537	443	224	358
宁　夏	Ningxia	29	1702	1400	542	950
新　疆	Xinjiang	20	734	492	248	488

2-2-2 按地区和企业规模分高技术产业R&D人员情况(2018年)

R&D Personnel in High-tech Industry by Region and Industrial Sector(2018)

地区	Region	大型企业 Large-sized Enterprises				
		有R&D活动的企业数(个) Number of Enterprises Having R&D Activities (unit)	R&D人员(人) R&D Personnel (person)	#全时人员 Full-time Personnel	#研究人员 Researchers	R&D人员折合全时当量(人年) Full-time Equivalent (man-year)
全国	**Total**	**1407**	**607404**	**490482**	**246052**	**472539**
东部地区	Eastern Region	1017	462909	383599	193151	374162
中部地区	Middle Region	216	81201	60385	27924	50115
西部地区	Western Region	151	55978	41102	21496	43738
东北地区	Norheastern Region	23	7316	5396	3481	4524
北京	Beijing	33	12244	9985	6361	9890
天津	Tianjin	20	9383	7775	4230	5992
河北	Hebei	17	8887	7286	3966	6099
山西	Shanxi	10	5459	4423	1640	1437
内蒙古	Inner Mongolia	7	1120	890	332	738
辽宁	Liaoning	10	4945	3611	2329	3122
吉林	Jilin	8	1018	806	473	670
黑龙江	Heilongjiang	5	1353	979	679	733
上海	Shanghai	54	17856	15342	7994	13999
江苏	Jiangsu	274	68905	54442	22680	53666
浙江	Zhejiang	87	44609	36164	20488	38331
安徽	Anhui	37	17493	11577	6248	9471
福建	Fujian	50	26174	22158	10058	18256
江西	Jiangxi	53	11828	9827	5077	8640
山东	Shandong	65	46108	37553	22113	30947
河南	Henan	44	15998	12965	3740	12692
湖北	Hubei	50	18516	11182	7262	9839
湖南	Hunan	22	11907	10411	3957	8035
广东	Guangdong	415	228447	192680	95166	196747
广西	Guangxi	11	1377	1056	638	676
海南	Hainan	2	296	214	95	233
重庆	Chongqing	32	9138	6628	3198	6332
四川	Sichuan	37	21533	16970	7855	17987
贵州	Guizhou	15	3014	2164	1326	2277
云南	Yunnan	8	743	587	287	641
西藏	Tibet					
陕西	Shaanxi	29	16606	10964	6811	13790
甘肃	Gansu	3	1127	763	621	521
青海	Qinghai	2	270	242	134	211
宁夏	Ningxia	4	716	639	201	366
新疆	Xinjiang	3	334	199	93	201

2-2-2 续表 continued

地区	Region	中型企业 Medium-sized Enterprises				
		有R&D活动的企业数(个) Number of Enterprises Having R&D Activities (unit)	R&D人员(人) R&D Personnel (person)	#全时人员 Full-time Personnel	#研究人员 Researchers	R&D人员折合全时当量(人年) Full-time Equivalent (man-year)
全　国	**Total**	**4008**	**267968**	**209925**	**90250**	**188469**
东部地区	Eastern Region	2833	194241	154320	63473	140048
中部地区	Middle Region	662	38821	29421	13178	26116
西部地区	Western Region	416	27260	20281	10223	17358
东北地区	Norheastern Region	97	7646	5903	3376	4947
北　京	Beijing	108	9331	7510	4031	6095
天　津	Tianjin	53	6025	4653	2741	3657
河　北	Hebei	56	3432	2410	1080	2309
山　西	Shanxi	26	1907	1243	735	991
内蒙古	Inner Mongolia	9	408	345	160	210
辽　宁	Liaoning	50	4443	3519	2059	2844
吉　林	Jilin	28	2023	1517	827	1307
黑龙江	Heilongjiang	19	1180	867	490	795
上　海	Shanghai	106	7277	5894	2947	4492
江　苏	Jiangsu	769	45941	35413	15082	33329
浙　江	Zhejiang	394	28481	23308	8838	22782
安　徽	Anhui	115	8015	5887	2539	5425
福　建	Fujian	155	13177	10455	4503	9428
江　西	Jiangxi	154	5709	4192	1704	4195
山　东	Shandong	169	13230	10743	5184	8222
河　南	Henan	119	7670	5824	2714	5453
湖　北	Hubei	118	8013	6373	2744	5324
湖　南	Hunan	130	7507	5902	2742	4728
广　东	Guangdong	1008	66279	53120	18652	49127
广　西	Guangxi	21	816	639	311	544
海　南	Hainan	15	1068	814	415	608
重　庆	Chongqing	109	6558	4912	1964	3756
四　川	Sichuan	129	8632	6581	3518	5725
贵　州	Guizhou	43	4127	2807	1378	2623
云　南	Yunnan	16	819	531	312	589
西　藏	Tibet	2	60	50	24	52
陕　西	Shaanxi	61	4603	3480	2055	2973
甘　肃	Gansu	12	471	315	189	342
青　海	Qinghai	4	153	118	50	93
宁　夏	Ningxia	5	458	366	177	319
新　疆	Xinjiang	5	155	137	85	133

2-2-3 各地区国有及国有控股企业高技术产业R&D人员情况(2018年)
R&D Personnel in High-tech Industry of State-owned and State-controlled Enterprises by Region (2018)

地区	Region	有R&D活动的企业数(个) Number of Enterprises Having R&D Activities (unit)	R&D人员(人) R&D Personnel (person)	#全时人员 Full-time Personnel	#研究人员 Researchers	R&D人员折合全时当量(人年) Full-time Equivalent (man-year)
全国	**Total**	**1175**	**222457**	**177559**	**104363**	**165960**
东部地区	Eastern Region	631	134942	113606	67249	105720
中部地区	Middle Region	219	34746	26418	15526	20826
西部地区	Western Region	277	47284	33428	18827	36045
东北地区	Northeastern Region	48	5485	4107	2761	3369
北京	Beijing	114	13750	11057	7081	10467
天津	Tianjin	68	5995	4587	2870	3550
河北	Hebei	26	2959	2533	1262	2046
山西	Shanxi	8	687	556	297	537
内蒙古	Inner Mongolia	8	732	640	157	433
辽宁	Liaoning	26	3843	2855	1920	2440
吉林	Jilin	15	581	509	260	362
黑龙江	Heilongjiang	7	1061	743	581	567
上海	Shanghai	78	8396	7089	4013	7048
江苏	Jiangsu	100	10293	7808	4709	7843
浙江	Zhejiang	39	14083	11980	7464	12748
安徽	Anhui	51	8711	5424	2591	2840
福建	Fujian	40	10362	9234	4661	8541
江西	Jiangxi	21	3749	3178	2001	2946
山东	Shandong	44	27541	23720	14453	17526
河南	Henan	29	5605	4004	2685	4104
湖北	Hubei	65	10470	8588	5150	7273
湖南	Hunan	45	5524	4668	2802	3126
广东	Guangdong	118	41288	35384	20613	35769
广西	Guangxi	9	233	159	117	136
海南	Hainan	4	275	214	123	182
重庆	Chongqing	46	4577	3676	2135	2955
四川	Sichuan	72	17133	11943	5952	13220
贵州	Guizhou	40	5247	3734	2213	3764
云南	Yunnan	18	888	659	411	633
西藏	Tibet	1	44	40	15	44
陕西	Shaanxi	69	17392	11726	7311	14016
甘肃	Gansu	10	926	770	471	767
青海	Qinghai					
宁夏	Ningxia					
新疆	Xinjiang	4	112	81	45	76

2-2-4 按地区和登记注册类型分高技术产业R&D人员情况(2018年)
R&D Personnel in High-tech Industry by Region and Registration Status(2018)

地区	Region	内资企业 Domestic Funded				
		有R&D活动的企业数(个) Number of Enterprises Having R&D Activities (unit)	R&D人员(人) R&D Personnel (person)	#全时人员 Full-time Personnel	#研究人员 Researchers	R&D人员折合全时当量(人年) Full-time Equivalent (man-year)
全　国	**Total**	**14207**	**846752**	**675726**	**329717**	**630431**
东部地区	Eastern Region	9170	580920	477290	230109	448277
中部地区	Middle Region	3010	144560	109567	52177	97628
西部地区	Western Region	1653	102765	74746	39324	72412
东北地区	Northeastern Region	374	18507	14123	8107	12115
北　京	Beijing	376	24113	19624	11375	17833
天　津	Tianjin	190	14389	11751	6807	8965
河　北	Hebei	211	10787	8391	3731	7368
山　西	Shanxi	67	4589	3084	1654	2615
内蒙古	Inner Mongolia	36	1808	1479	537	1152
辽　宁	Liaoning	206	11534	8748	5233	7410
吉　林	Jilin	96	4096	3106	1688	2665
黑龙江	Heilongjiang	72	2877	2269	1186	2041
上　海	Shanghai	287	15695	13188	6961	12122
江　苏	Jiangsu	2044	91272	69383	31927	67385
浙　江	Zhejiang	1550	75055	59772	25083	59702
安　徽	Anhui	636	33472	23199	11058	20558
福　建	Fujian	491	32518	27430	11712	22689
江　西	Jiangxi	622	24754	19823	9694	18916
山　东	Shandong	797	62605	51570	28023	40117
河　南	Henan	403	28271	22042	8909	20925
湖　北	Hubei	528	29496	22413	11142	19366
湖　南	Hunan	754	23978	19006	9720	15248
广　东	Guangdong	3189	252747	214884	103855	211037
广　西	Guangxi	77	2985	2299	1272	1791
海　南	Hainan	35	1739	1297	635	1059
重　庆	Chongqing	345	15946	11626	5602	9723
四　川	Sichuan	545	41100	31087	16111	30846
贵　州	Guizhou	170	9061	6275	3272	6043
云　南	Yunnan	117	3924	2787	1279	2710
西　藏	Tibet	3	86	73	32	53
陕　西	Shaanxi	248	22441	15090	9037	16867
甘　肃	Gansu	52	2695	1838	1214	1546
青　海	Qinghai	16	537	443	224	358
宁　夏	Ningxia	25	1598	1313	513	897
新　疆	Xinjiang	19	584	436	231	426

2-2-4 续表 1 continued

地 区	Region	#国有企业 State-owned Enterprises 有R&D活动的企业数(个) Number of Enterprises Having R&D Activities (unit)	R&D人员(人) R&D Personnel (person)	#全时人员 Full-time Personnel	#研究人员 Researchers	R&D人员折合全时当量(人年) Full-time Equivalent (man-year)
全 国	**Total**	**52**	**9915**	**7275**	**4803**	**8544**
东部地区	Eastern Region	21	3127	1943	1516	2317
中部地区	Middle Region	7	2347	1937	1280	2053
西部地区	Western Region	21	3936	3039	1721	3732
东北地区	Northeastern Region	3	505	356	286	443
北 京	Beijing	9	1427	950	747	1178
天 津	Tianjin					
河 北	Hebei	2	102	64	57	35
山 西	Shanxi	1	66	59	38	66
内 蒙 古	Inner Mongolia	2	77	66	15	29
辽 宁	Liaoning	2	329	198	188	297
吉 林	Jilin					
黑 龙 江	Heilongjiang	1	176	158	98	146
上 海	Shanghai	2	40	17	7	29
江 苏	Jiangsu	2	157	141	83	126
浙 江	Zhejiang	2	119	73	39	92
安 徽	Anhui	1	17	15	10	16
福 建	Fujian					
江 西	Jiangxi	1	1575	1418	898	1563
山 东	Shandong	1	1037	552	502	687
河 南	Henan					
湖 北	Hubei	2	471	249	263	293
湖 南	Hunan	2	218	196	71	114
广 东	Guangdong	2	111	25	17	75
广 西	Guangxi	1	46	11	26	26
海 南	Hainan	1	134	121	64	95
重 庆	Chongqing	2	69	56	27	64
四 川	Sichuan					
贵 州	Guizhou	3	41	28	16	23
云 南	Yunnan	2	85	76	46	67
西 藏	Tibet					
陕 西	Shaanxi	10	3611	2796	1587	3517
甘 肃	Gansu	1	7	6	4	6
青 海	Qinghai					
宁 夏	Ningxia					
新 疆	Xinjiang					

2-2-4 续表 2 continued

地 区	Region	港澳台投资企业 Enterprises with Funds from Hong Kong, Macau and Taiwan				
		有R&D活动的企业数（个）Number of Enterprises Having R&D Activities (unit)	R&D人员（人）R&D Personnel (person)	#全时人员 Full-time Personnel	#研究人员 Researchers	R&D人员折合全时当量（人年）Full-time Equivalent (man-year)
全 国	**Total**	**1434**	**156748**	**125245**	**50798**	**115854**
东部地区	Eastern Region	1257	128928	104992	42523	99636
中部地区	Middle Region	99	20997	14511	5873	11155
西部地区	Western Region	53	5350	4476	1852	3980
东北地区	Northeastern Region	25	1473	1266	550	1084
北 京	Beijing	29	2783	2310	1249	1848
天 津	Tianjin	16	1610	1409	823	1371
河 北	Hebei	5	2314	2041	1295	1227
山 西	Shanxi	4	2517	2229	817	79
内 蒙 古	Inner Mongolia	3	281	175	114	172
辽 宁	Liaoning	18	1262	1087	464	927
吉 林	Jilin	4	116	94	44	80
黑 龙 江	Heilongjiang	3	95	85	42	76
上 海	Shanghai	61	8331	7197	3754	6643
江 苏	Jiangsu	327	22278	17644	6773	16155
浙 江	Zhejiang	114	18098	15352	8782	16361
安 徽	Anhui	15	1284	1072	589	943
福 建	Fujian	89	11180	8579	3566	6929
江 西	Jiangxi	30	845	546	252	684
山 东	Shandong	33	2684	1982	907	1820
河 南	Henan	10	4110	3533	1031	3521
湖 北	Hubei	20	5663	1242	1896	1152
湖 南	Hunan	20	6578	5889	1288	4776
广 东	Guangdong	579	59382	48261	15265	47104
广 西	Guangxi	8	332	238	121	54
海 南	Hainan	4	268	217	109	180
重 庆	Chongqing	19	2221	1859	675	1737
四 川	Sichuan	11	2046	1793	758	1670
贵 州	Guizhou	2	9	8	2	6
云 南	Yunnan	6	317	272	126	255
西 藏	Tibet					
陕 西	Shaanxi	3	132	120	53	80
甘 肃	Gansu					
青 海	Qinghai					
宁 夏	Ningxia	1	12	11	3	6
新 疆	Xinjiang					

2-2-4 续表 3 continued

地区	Region	外商投资企业 Foreign Funded Enterprises 有R&D活动的企业数(个) Number of Enterprises Having R&D Activities (unit)	R&D人员(人) R&D Personnel (person)	#全时人员 Full-time Personnel	#研究人员 Researchers	R&D人员折合全时当量(人年) Full-time Equivalent (man-year)
全国	**Total**	**1607**	**142926**	**112505**	**46936**	**106182**
东部地区	Eastern Region	1418	127688	100572	41532	96268
中部地区	Middle Region	88	6596	5258	2006	4167
西部地区	Western Region	79	6125	4730	2193	4522
东北地区	Northeastern Region	22	2517	1945	1205	1224
北京	Beijing	61	3493	2910	1654	2310
天津	Tianjin	32	5037	3731	1745	3214
河北	Hebei	18	2518	1903	1175	1888
山西	Shanxi	4	1232	1078	257	395
内蒙古	Inner Mongolia					
辽宁	Liaoning	16	1722	1431	769	915
吉林	Jilin	3	68	61	32	37
黑龙江	Heilongjiang	3	727	453	404	272
上海	Shanghai	112	9021	7327	3415	5544
江苏	Jiangsu	572	44426	36119	12945	34747
浙江	Zhejiang	134	8520	7012	3175	6777
安徽	Anhui	10	756	563	350	549
福建	Fujian	65	7312	6290	3326	6171
江西	Jiangxi	27	1322	1037	535	973
山东	Shandong	68	10341	7688	4472	7681
河南	Henan	12	924	607	175	720
湖北	Hubei	25	1754	1457	534	1216
湖南	Hunan	10	608	516	155	314
广东	Guangdong	354	36932	27513	9589	27869
广西	Guangxi	2	14	8	7	2
海南	Hainan	2	88	79	36	68
重庆	Chongqing	29	2983	2240	745	2029
四川	Sichuan	28	871	668	335	628
贵州	Guizhou	4	67	52	25	48
云南	Yunnan	2	52	31	20	44
西藏	Tibet					
陕西	Shaanxi	10	1896	1599	1018	1661
甘肃	Gansu					
青海	Qinghai					
宁夏	Ningxia	3	92	76	26	47
新疆	Xinjiang	1	150	56	17	62

2-2-5 按地区和行业分高技术产业R&D人员情况(2018年)
R&D Personnel in High-tech Industry by Region and Industrial Sector(2018)

地区	Region	医药制造业 Medical and Pharmaceutical Products Manufacturing				
		有R&D活动的企业数(个) Number of Enterprises Having R&D Activities (unit)	R&D人员(人) R&D Personnel (person)	#全时人员 Full-time Personnel	#研究人员 Researchers	R&D人员折合全时当量(人年) Full-time Equivalent (man-year)
全　国	**Total**	**3880**	**185762**	**138624**	**72130**	**125920**
东部地区	Eastern Region	1924	110642	85339	45148	77648
中部地区	Middle Region	1095	40214	28387	13538	26300
西部地区	Western Region	665	25795	18277	9613	16283
东北地区	Northeastern Region	196	9111	6621	3831	5688
北　京	Beijing	127	7261	5704	3083	4927
天　津	Tianjin	64	5497	4232	2627	3211
河　北	Hebei	76	7293	5641	3390	4590
山　西	Shanxi	42	2750	1602	1136	1671
内蒙古	Inner Mongolia	23	1035	779	411	708
辽　宁	Liaoning	68	3268	2350	1378	1989
吉　林	Jilin	77	3412	2488	1392	2217
黑龙江	Heilongjiang	51	2431	1783	1061	1483
上　海	Shanghai	123	5875	4703	2592	4271
江　苏	Jiangsu	435	21550	16829	9084	15900
浙　江	Zhejiang	325	17838	14049	6883	14136
安　徽	Anhui	217	6510	4547	1909	4399
福　建	Fujian	103	3159	2480	1245	2069
江　西	Jiangxi	224	5051	3650	1828	4058
山　东	Shandong	350	26512	20593	10536	17465
河　南	Henan	178	8660	6468	3044	5826
湖　北	Hubei	202	10609	7268	3402	6530
湖　南	Hunan	232	6634	4852	2219	3817
广　东	Guangdong	282	13823	9750	5032	9977
广　西	Guangxi	36	1237	827	553	636
海　南	Hainan	39	1834	1358	676	1103
重　庆	Chongqing	99	4682	3405	1852	2807
四　川	Sichuan	197	8740	6611	3484	5525
贵　州	Guizhou	73	2154	1281	642	1305
云　南	Yunnan	84	2764	1914	898	1874
西　藏	Tibet	3	86	73	32	53
陕　西	Shaanxi	76	2465	1483	780	1574
甘　肃	Gansu	40	1466	998	554	1049
青　海	Qinghai	8	162	128	53	93
宁　夏	Ningxia	12	489	394	143	275
新　疆	Xinjiang	14	515	384	211	384

2-2-5 续表 1 continued

地 区	Region	电子及通信设备制造业 Manufacture of Electronic Equipment and Communication Equipment				
		有R&D活动的企业数（个）Number of Enterprises Having R&D Activities (unit)	R&D人员（人）R&D Personnel (person)	#全时人员 Full-time Personnel	#研究人员 Researchers	R&D人员折合全时当量（人年）Full-time Equivalent (man-year)
全 国	**Total**	**8661**	**692993**	**563404**	**250966**	**532077**
东部地区	Eastern Region	6473	539128	443449	197298	426372
中部地区	Middle Region	1459	98093	77167	32803	64986
西部地区	Western Region	628	49778	38033	18305	36571
东北地区	Northeastern Region	101	5994	4755	2560	4148
北 京	Beijing	141	11505	9710	5494	8430
天 津	Tianjin	98	8139	6522	3800	5428
河 北	Hebei	82	5811	4650	1815	4271
山 西	Shanxi	21	5224	4498	1420	1133
内 蒙 古	Inner Mongolia	12	962	796	222	574
辽 宁	Liaoning	78	5221	4060	2240	3557
吉 林	Jilin	16	458	411	187	321
黑 龙 江	Heilongjiang	7	315	284	133	270
上 海	Shanghai	182	17531	14812	6889	12524
江 苏	Jiangsu	1512	88347	68182	27551	64963
浙 江	Zhejiang	899	61074	50232	22785	50917
安 徽	Anhui	335	24693	16845	8442	14773
福 建	Fujian	400	35434	29166	12067	23531
江 西	Jiangxi	350	16363	13128	6365	11740
山 东	Shandong	289	21591	17162	8960	14397
河 南	Henan	131	16279	13097	3426	13230
湖 北	Hubei	235	17043	13918	6888	11830
湖 南	Hunan	387	18491	15681	6262	12279
广 东	Guangdong	2869	289562	242892	107873	241816
广 西	Guangxi	31	1476	1174	594	789
海 南	Hainan	1	134	121	64	95
重 庆	Chongqing	141	8414	5844	2663	5344
四 川	Sichuan	259	26747	20950	9997	21711
贵 州	Guizhou	64	2543	1865	736	1461
云 南	Yunnan	20	775	623	221	554
西 藏	Tibet					
陕 西	Shaanxi	80	6731	5237	3002	5184
甘 肃	Gansu	5	898	561	479	288
青 海	Qinghai	6	334	292	154	240
宁 夏	Ningxia	7	730	625	217	360
新 疆	Xinjiang	3	168	66	20	67

2-2-5 续表 2 continued

地 区	Region	计算机及办公设备制造业 Manufacture of Computer and Office Equipments				
		有R&D活动的企业数(个) Number of Enterprises Having R&D Activities (unit)	R&D人员(人) R&D Personnel (person)	#全时人员 Full-time Personnel	#研究人员 Researchers	R&D人员折合全时当量(人年) Full-time Equivalent (man-year)
全 国	**Total**	**983**	**92119**	**74763**	**33705**	**65939**
东部地区	Eastern Region	778	75583	64486	28436	57642
中部地区	Middle Region	84	8799	3784	2989	3215
西部地区	Western Region	114	7396	6218	2149	4848
东北地区	Northeastern Region	7	341	275	131	234
北 京	Beijing	20	1796	1586	957	1373
天 津	Tianjin	9	3885	3483	1392	2681
河 北	Hebei	7	233	197	102	144
山 西	Shanxi	1	27	24	15	25
内蒙古	Inner Mongolia	1	7	6	2	4
辽 宁	Liaoning	5	222	168	74	151
吉 林	Jilin	1	72	65	31	48
黑龙江	Heilongjiang	1	47	42	26	35
上 海	Shanghai	18	2722	2185	1372	2367
江 苏	Jiangsu	152	16514	13850	3373	14571
浙 江	Zhejiang	75	2550	2111	737	2071
安 徽	Anhui	17	2280	1905	946	1444
福 建	Fujian	45	8974	7924	4221	7696
江 西	Jiangxi	20	692	460	106	562
山 东	Shandong	25	17715	15865	9661	11048
河 南	Henan	9	427	335	105	292
湖 北	Hubei	11	4341	183	1307	237
湖 南	Hunan	26	1032	877	510	655
广 东	Guangdong	427	21194	17285	6621	15691
广 西	Guangxi	4	178	160	67	139
海 南	Hainan					
重 庆	Chongqing	78	4719	3966	1121	3156
四 川	Sichuan	23	2073	1779	768	1246
贵 州	Guizhou	1	31	28	8	26
云 南	Yunnan	4	319	235	145	231
西 藏	Tibet					
陕 西	Shaanxi	3	69	44	38	46
甘 肃	Gansu					
青 海	Qinghai					
宁 夏	Ningxia					
新 疆	Xinjiang					

2-2-5 续表 3 continued

地 区	Region	医疗仪器设备及仪器仪表制造业 Manufacture of Medical Equipments and Measuring Instrument				
		有R&D活动的企业数（个）Number of Enterprises Having R&D Activities (unit)	R&D人员（人）R&D Personnel (person)	#全时人员 Full-time Personnel	#研究人员 Researchers	R&D人员折合全时当量（人年）Full-time Equivalent (man-year)
全 国	**Total**	**3327**	**130344**	**102707**	**49587**	**93551**
东部地区	Eastern Region	2492	98851	79200	37148	72740
中部地区	Middle Region	472	15561	12623	6030	11088
西部地区	Western Region	266	11687	7515	4518	7219
东北地区	Northeastern Region	97	4245	3369	1891	2505
北 京	Beijing	153	5167	4428	2356	3755
天 津	Tianjin	55	2813	2122	1202	1708
河 北	Hebei	53	1814	1475	690	1238
山 西	Shanxi	10	304	237	138	227
内蒙古	Inner Mongolia	1	8	7	1	8
辽 宁	Liaoning	75	3498	2710	1540	2052
吉 林	Jilin	8	232	203	94	126
黑龙江	Heilongjiang	14	515	456	257	328
上 海	Shanghai	127	4835	4147	2200	3291
江 苏	Jiangsu	789	29233	22481	10724	21428
浙 江	Zhejiang	484	19822	15428	6505	15408
安 徽	Anhui	84	1709	1289	633	1197
福 建	Fujian	92	3168	2523	993	2268
江 西	Jiangxi	64	2207	1886	743	1773
山 东	Shandong	221	8821	6939	3837	6025
河 南	Henan	93	4631	3760	1873	3383
湖 北	Hubei	98	2647	2122	945	1609
湖 南	Hunan	123	4063	3329	1698	2899
广 东	Guangdong	518	23178	19657	8641	17618
广 西	Guangxi	16	440	384	186	283
海 南	Hainan					
重 庆	Chongqing	72	3196	2388	1320	2054
四 川	Sichuan	82	2590	2006	983	1690
贵 州	Guizhou	10	186	144	71	126
云 南	Yunnan	15	408	294	159	330
西 藏	Tibet					
陕 西	Shaanxi	55	4288	1845	1562	2400
甘 肃	Gansu	5	139	122	71	45
青 海	Qinghai	2	41	23	17	25
宁 夏	Ningxia	6	360	278	141	237
新 疆	Xinjiang	2	31	24	7	21

2-2-5 续表 4 continued

地 区	Region	信息化学品制造业 Manufacture of Electronic Chemicals				
		有R&D活动的企业数 (个) Number of Enterprises Having R&D Activities (unit)	R&D人员 (人) R&D Personnel (person)	#全时人员 Full-time Personnel	#研究人员 Researchers	R&D人员折合全时当量 (人年) Full-time Equivalent (man-year)
全 国	**Total**	**116**	**5227**	**3765**	**2103**	**3264**
东部地区	Eastern Region	73	3459	2712	1397	2203
中部地区	Middle Region	29	1361	707	540	777
西部地区	Western Region	12	372	316	151	258
东北地区	Northeastern Region	2	35	30	15	26
北 京	Beijing					
天 津	Tianjin					
河 北	Hebei	7	253	225	106	156
山 西	Shanxi					
内 蒙 古	Inner Mongolia					
辽 宁	Liaoning	2	35	30	15	26
吉 林	Jilin					
黑 龙 江	Heilongjiang					
上 海	Shanghai	2	18	14	9	6
江 苏	Jiangsu	27	1554	1150	608	841
浙 江	Zhejiang	11	360	297	120	290
安 徽	Anhui	3	47	27	11	37
福 建	Fujian	3	172	152	72	136
江 西	Jiangxi	8	103	87	25	95
山 东	Shandong	9	515	443	266	338
河 南	Henan	5	592	90	309	184
湖 北	Hubei	9	367	293	100	286
湖 南	Hunan	4	252	210	95	175
广 东	Guangdong	14	587	431	216	437
广 西	Guangxi					
海 南	Hainan					
重 庆	Chongqing	1	44	37	16	36
四 川	Sichuan	1	53	44	30	40
贵 州	Guizhou					
云 南	Yunnan	1	7	6	1	6
西 藏	Tibet					
陕 西	Shaanxi	4	125	108	53	84
甘 肃	Gansu					
青 海	Qinghai					
宁 夏	Ningxia	4	123	103	41	78
新 疆	Xinjiang	1	20	18	10	16

2-3-1 各地区高技术产业R&D经费情况(2018年)
R&D Expenditure in High-tech Industry by Region(2018)

单位：万元 (10000 yuan)

地 区	Region	R&D经费内部支出 Intramural Expenditure on R&D	#人员劳务费 Labor Cost	#仪器和设备 Equipment	#政府资金 Government Funds	#企业资金 Self-raised Funds by Enterprises	R&D经费外部支出 External Expenditure on R&D
全 国	**Total**	**35591155**	**14606962**	**3524365**	**2047113**	**33236588**	**4441638**
东部地区	Eastern Region	26707746	11766965	2538591	1089406	25371314	3737427
中部地区	Middle Region	4859829	1511337	634683	341701	4487317	381968
西部地区	Western Region	3454236	1131496	316975	542125	2892702	226776
东北地区	Northeaastern Region	569345	197165	34116	73881	485256	95468
北 京	Beijing	1341957	604214	80507	122444	1153680	241928
天 津	Tianjin	681069	275896	74267	55674	595068	63137
河 北	Hebei	436338	147631	49054	16680	418528	56738
山 西	Shanxi	135178	52759	5192	3519	130678	12282
内蒙古	Inner Mongolia	97985	17570	1376	1101	96240	2394
辽 宁	Liaoning	412808	142332	19402	61553	343441	56290
吉 林	Jilin	96751	31121	11490	11497	83362	28228
黑龙江	Heilongjiang	59786	23712	3225	831	58452	10951
上 海	Shanghai	1273159	594675	50311	267244	982306	212783
江 苏	Jiangsu	5025960	1590661	617436	89079	4870873	267525
浙 江	Zhejiang	2701824	1324010	187522	64676	2626850	301979
安 徽	Anhui	991395	343989	158168	53014	927607	68689
福 建	Fujian	1688790	681336	255768	49237	1628725	60815
江 西	Jiangxi	685802	170430	80758	26006	659051	55575
山 东	Shandong	2265528	894642	215006	71719	2172045	289818
河 南	Henan	728273	276637	63133	19206	699419	25352
湖 北	Hubei	1454447	418821	249942	161605	1286359	158565
湖 南	Hunan	864735	248700	77490	78351	784203	61506
广 东	Guangdong	11247028	5638243	1005830	352019	10878329	2211238
广 西	Guangxi	60843	21998	6217	5833	54784	8246
海 南	Hainan	46093	15658	2892	634	44911	31466
重 庆	Chongqing	581476	192127	57973	32441	544903	24346
四 川	Sichuan	1394285	583677	114217	205720	1176641	106510
贵 州	Guizhou	207185	48823	17712	30417	176049	14470
云 南	Yunnan	92228	23237	8862	4583	86867	9660
西 藏	Tibet	1255	619	180	44	1196	109
陕 西	Shaanxi	812560	205188	64553	249561	562499	46032
甘 肃	Gansu	94593	24645	17484	3595	90527	3649
青 海	Qinghai	24670	1772	20099	1032	23638	7573
宁 夏	Ningxia	59481	6228	6741	6258	53224	1868
新 疆	Xinjiang	27675	5613	1561	1540	26135	1919

2-3-2 按地区和企业规模分高技术产业R&D经费情况(2018年)
R&D Expenditure in High-tech Industry by Region and Industrial Sector(2018)

单位：万元 (10000 yuan)

地区	Region	大型企业 Large-sized Enterprises					
		R&D经费内部支出 Intramural Expenditure on R&D	#人员劳务费 Labor Cost	#仪器和设备 Equipment	#政府资金 Government Funds	#企业资金 Self-raised Funds by Enterprises	R&D经费外部支出 External Expenditure on R&D
全　国	**Total**	**22263973**	**9964383**	**2123917**	**1205125**	**20879648**	**3188949**
东部地区	Eastern Region	17566529	8266595	1680138	652320	16753763	2957061
中部地区	Middle Region	2425987	882316	260582	189201	2221661	109084
西部地区	Western Region	2067646	729595	173931	358565	1706170	99904
东北地区	Northeaastern Region	203812	85877	9267	5039	198053	22901
北　京	Beijing	669348	286364	51680	68515	545271	99713
天　津	Tianjin	358479	148809	39204	4753	324348	21553
河　北	Hebei	300807	106079	34917	9195	290865	50495
山　西	Shanxi	90920	40390	1162	1344	89577	520
内蒙古	Inner Mongolia	72147	11103	151		72147	144
辽　宁	Liaoning	144094	65598	1122	756	143083	10634
吉　林	Jilin	39120	12416	6393	4130	34990	7493
黑龙江	Heilongjiang	20597	7863	1751	153	19980	4774
上　海	Shanghai	753250	355936	33349	245897	488973	180174
江　苏	Jiangsu	2664670	819080	314820	43616	2595179	105941
浙　江	Zhejiang	1470074	808792	88126	32882	1433787	211448
安　徽	Anhui	534138	228667	85038	17167	510911	20048
福　建	Fujian	1052463	419301	161152	32234	1015952	26673
江　西	Jiangxi	286647	79107	37829	3558	283089	25604
山　东	Shandong	1500997	653440	144183	37387	1449276	194292
河　南	Henan	333941	135635	28727	3774	324062	9614
湖　北	Hubei	822022	282008	63762	104198	714866	20985
湖　南	Hunan	358318	116510	44064	59161	299157	32314
广　东	Guangdong	8793779	4666997	812587	177842	8607452	2065919
广　西	Guangxi	28212	11753	2811	1717	26405	6724
海　南	Hainan	2662	1797	119		2662	853
重　庆	Chongqing	302568	112155	25014	20064	280840	5294
四　川	Sichuan	791317	398578	53285	70894	719802	33525
贵　州	Guizhou	79766	19110	5685	20109	59269	7204
云　南	Yunnan	19121	5614	1903	1065	18056	4378
西　藏	Tibet						
陕　西	Shaanxi	640470	149524	50976	241650	398671	33379
甘　肃	Gansu	61156	16194	13078	375	60781	1172
青　海	Qinghai	20503	528	19501	527	19975	7348
宁　夏	Ningxia	34063	1796	946	1809	32255	
新　疆	Xinjiang	18323	3241	580	355	17968	736

2-3-2 续表 continued

单位：万元 (10000 yuan)

地区	Region	中型企业 Medium-sized Enterprises R&D经费内部支出 Intramural Expenditure on R&D	#人员劳务费 Labor Cost	#仪器和设备 Equipment	#政府资金 Government Funds	#企业资金 Self-raised Funds by Enterprises	R&D经费外部支出 External Expenditure on R&D
全国	**Total**	**6861297**	**2468178**	**645113**	**403469**	**6379582**	**747192**
东部地区	Eastern Region	5021559	1940819	463154	258928	4707067	539307
中部地区	Middle Region	939368	251208	110938	46271	884395	95363
西部地区	Western Region	689925	217305	59739	42107	642671	55412
东北地区	Northeaastern Region	210445	58846	11282	56163	145449	57111
北京	Beijing	348199	152134	14937	37551	302209	127278
天津	Tianjin	194391	68252	29363	37956	156290	31616
河北	Hebei	76250	22933	6803	1797	74227	4122
山西	Shanxi	31298	8064	2806	1452	28893	9105
内蒙古	Inner Mongolia	14611	3600	463	529	14063	1072
辽宁	Liaoning	158352	40856	7525	51007	100200	38516
吉林	Jilin	35204	10296	3493	4828	28688	14591
黑龙江	Heilongjiang	16889	7695	265	328	16561	4004
上海	Shanghai	293930	126521	9583	9354	280708	17353
江苏	Jiangsu	1279719	431706	171782	22231	1230535	82754
浙江	Zhejiang	676937	287669	54440	17309	655376	67138
安徽	Anhui	205597	55505	27268	19068	183539	29140
福建	Fujian	324186	156479	29307	9709	309549	16169
江西	Jiangxi	123132	27553	19838	3506	119081	16038
山东	Shandong	379567	119877	30944	13343	363648	67650
河南	Henan	164992	53370	16729	5617	157436	10758
湖北	Hubei	217908	53613	31783	9045	206896	19057
湖南	Hunan	196441	53103	12513	7583	188550	11265
广东	Guangdong	1422555	565772	114470	109345	1309581	104999
广西	Guangxi	18146	5060	2000	2425	15721	754
海南	Hainan	25825	9477	1525	334	24944	20229
重庆	Chongqing	153640	41717	16743	8177	143501	10348
四川	Sichuan	258436	102388	19720	13711	242027	27103
贵州	Guizhou	86035	19201	5123	8376	77623	4403
云南	Yunnan	21580	5118	948	665	20819	1893
西藏	Tibet	1201	583	180	44	1142	107
陕西	Shaanxi	107309	32588	10306	5186	102123	7207
甘肃	Gansu	9292	2462	1168	756	8216	1371
青海	Qinghai	1732	744	206		1732	21
宁夏	Ningxia	12450	2549	2738	1956	10494	445
新疆	Xinjiang	5492	1296	144	283	5210	689

2-3-3 各地区国有及国有控股企业高技术产业R&D经费情况(2018年)
R&D Expenditure in High-tech Industry of State-owned and State-controlled Enterprises by Region (2018)

单位：万元 (10000 yuan)

地区	Region	R&D经费内部支出 Intramural Expenditure on R&D	#人员劳务费 Labor Cost	#仪器和设备 Equipment	#政府资金 Government Funds	#企业资金 Self-raised Funds by Enterprises	R&D经费外部支出 External Expenditure on R&D
全国	**Total**	**7586694**	**3182785**	**682718**	**1240928**	**6236432**	**996665**
东部地区	Eastern Region	4289048	2137570	318847	473520	3735656	678319
中部地区	Middle Region	1606795	570935	234343	240236	1354284	189450
西部地区	Western Region	1519946	423986	124101	471843	1037120	95382
东北地区	Northeaastern Region	170905	50295	5427	55330	109371	33515
北京	Beijing	630729	268786	48383	97191	475727	185493
天津	Tianjin	195889	77366	28346	41054	154279	41248
河北	Hebei	92475	30644	23678	4612	87863	2865
山西	Shanxi	11465	2159	1288	1245	9438	75
内蒙古	Inner Mongolia	68581	9071	513	231	67727	113
辽宁	Liaoning	140581	38395	2548	51449	82978	29758
吉林	Jilin	17763	6899	1603	3699	14064	3198
黑龙江	Heilongjiang	12561	5001	1276	181	12329	559
上海	Shanghai	382941	166268	17858	217151	165671	174781
江苏	Jiangsu	331543	116183	42869	13060	312468	46382
浙江	Zhejiang	452906	279761	5373	4435	448447	127138
安徽	Anhui	263625	98155	42269	12645	243146	11703
福建	Fujian	305504	167628	16022	17394	287229	21628
江西	Jiangxi	147015	43417	7129	13215	133799	26274
山东	Shandong	721159	388802	76063	19214	688107	57947
河南	Henan	151323	64998	8482	8152	142732	4812
湖北	Hubei	780556	271855	167994	147183	630291	116357
湖南	Hunan	252811	90352	7181	57795	194877	30229
广东	Guangdong	1170194	638566	60246	59410	1110394	19279
广西	Guangxi	1850	1002	110	298	1529	230
海南	Hainan	5709	3566	8		5472	1558
重庆	Chongqing	171240	60411	13637	20345	149709	5632
四川	Sichuan	587631	182450	59038	177393	401943	42322
贵州	Guizhou	119293	28060	7560	25860	93120	8177
云南	Yunnan	16137	6116	1046	565	15477	1048
西藏	Tibet	735	393	180	44	676	8
陕西	Shaanxi	522599	128186	40773	244503	278094	36504
甘肃	Gansu	26333	7165	1070	2193	23711	1333
青海	Qinghai						
宁夏	Ningxia						
新疆	Xinjiang	5547	1132	175	412	5135	15

2-3-4 按地区和登记注册类型分高技术产业R&D经费情况(2018年)

R&D Expenditure in High-tech Industry by Region and Registration Status(2018)

单位: 万元 (10000 yuan)

地 区	Region	内资企业 Domestic Funded					
		R&D经费内部支出 Intramural Expenditure on R&D	#人员劳务费 Labor Cost	#仪器和设备 Equipment	#政府资金 Government Funds	#企业资金 Self-raised Funds by Enterprises	R&D经费外部支出 External Expenditure on R&D
全 国	**Total**	**26856728**	**11168635**	**2716670**	**1861555**	**24809019**	**3823348**
东部地区	Eastern Region	19183486	8743333	1829627	921976	18129648	3183366
中部地区	Middle Region	4227084	1309223	563153	332930	3865028	342436
西部地区	Western Region	3023239	967047	296102	538675	2468448	212080
东北地区	Northeaastern Region	422918	149032	27788	67975	345895	85466
北 京	Beijing	982119	427342	66584	110667	812202	211046
天 津	Tianjin	394287	158738	50885	54776	338671	49531
河 北	Hebei	244519	85290	36762	9585	234551	17175
山 西	Shanxi	81723	25563	4802	2448	78295	7506
内 蒙 古	Inner Mongolia	91452	16098	1205	1101	89707	2394
辽 宁	Liaoning	282597	100081	14522	55845	220048	47736
吉 林	Jilin	93022	30179	11455	11437	79693	27518
黑 龙 江	Heilongjiang	47300	18772	1811	693	46154	10211
上 海	Shanghai	611649	268202	26664	231009	379894	188864
江 苏	Jiangsu	2895538	858279	311536	74213	2792389	143310
浙 江	Zhejiang	1796642	850363	132345	37061	1752061	154183
安 徽	Anhui	892958	309863	150993	50856	832892	56110
福 建	Fujian	1043043	396997	214772	39389	995588	42390
江 西	Jiangxi	633606	155821	77054	24329	608532	53168
山 东	Shandong	1865868	739982	181961	63575	1782387	235710
河 南	Henan	613909	229505	57417	19021	585272	23965
湖 北	Hubei	1279671	379833	235672	159450	1113828	140542
湖 南	Hunan	725217	208638	37216	76826	646209	61145
广 东	Guangdong	9311695	4945259	805595	301066	9004959	2116455
广 西	Guangxi	54192	19486	3521	5535	48432	8129
海 南	Hainan	38128	12882	2524	634	36946	24705
重 庆	Chongqing	457998	140388	51792	31161	424343	22626
四 川	Sichuan	1282604	527968	107507	205105	1067229	97941
贵 州	Guizhou	205073	48416	17704	30246	174107	14359
云 南	Yunnan	81612	19596	6551	3752	77081	6885
西 藏	Tibet	1255	619	180	44	1196	109
陕 西	Shaanxi	646512	156885	61756	249391	396622	44857
甘 肃	Gansu	94593	24645	17484	3595	90527	3649
青 海	Qinghai	24670	1772	20099	1032	23638	7573
宁 夏	Ningxia	58110	5974	6741	6238	51872	1641
新 疆	Xinjiang	25168	5202	1561	1475	23693	1919

2-3-4 续表 1 continued

单位：万元 (10000 yuan)

地 区	Region	#国有企业 State-owned Enterprises R&D经费内部支出 Intramural Expenditure on R&D	#人员劳务费 Labor Cost	#仪器和设备 Equipment	#政府资金 Government Funds	#企业资金 Self-raised Funds by Enterprises	R&D经费外部支出 External Expenditure on R&D
全 国	**Total**	**232415**	**78805**	**16396**	**42773**	**187106**	**11909**
东部地区	Eastern Region	51550	23920	2789	10750	39461	6770
中部地区	Middle Region	72595	16533	9692	7987	64130	2165
西部地区	Western Region	98431	31348	3915	24007	73705	2974
东北地区	Northeaastern Region	9839	7004		29	9811	
北 京	Beijing	15666	6592	194	9217	5787	6292
天 津	Tianjin						
河 北	Hebei	5931	3751	656		5931	
山 西	Shanxi	1914	47	1232	1199	622	17
内蒙古	Inner Mongolia	4157	703	494	152	3382	113
辽 宁	Liaoning	8655	6680			8655	
吉 林	Jilin						
黑龙江	Heilongjiang	1184	324		29	1156	
上 海	Shanghai	800	386	157		800	
江 苏	Jiangsu	4655	2735		40	4175	
浙 江	Zhejiang	4313	829	90	3	4310	
安 徽	Anhui	10908	1569	3894		10908	
福 建	Fujian						
江 西	Jiangxi	50028	11058	2615	6733	43295	1177
山 东	Shandong	15727	6756	1438	1289	14438	364
河 南	Henan						
湖 北	Hubei	6181	3086	1860	16	5781	971
湖 南	Hunan	3565	773	90	40	3525	
广 东	Guangdong	881	255	250	201	680	114
广 西	Guangxi	597	380	50	65	532	19
海 南	Hainan	3578	2615	4		3341	
重 庆	Chongqing	791	315		40	751	
四 川	Sichuan						
贵 州	Guizhou	716	85	2	77	639	1
云 南	Yunnan	3001	1210	60	61	2844	197
西 藏	Tibet						
陕 西	Shaanxi	88983	28611	3309	23613	65371	2645
甘 肃	Gansu	186	44			186	
青 海	Qinghai						
宁 夏	Ningxia						
新 疆	Xinjiang						

2-3-4 续表 2 continued

单位：万元 (10000 yuan)

地　区	Region	港澳台投资企业 Enterprises with Funds from Hong Kong, Macau and Taiwan					
		R&D经费内部支出 Intramural Expenditure on R&D	#人员劳务费 Labor Cost	#仪器和设备 Equipment	#政府资金 Government Funds	#企业资金 Self-raised Funds by Enterprises	R&D经费外部支出 External Expenditure on R&D
全　国	**Total**	**4510188**	**1787306**	**457864**	**95099**	**4372910**	**383096**
东部地区	Eastern Region	3840785	1547735	391592	88569	3712443	333855
中部地区	Middle Region	472015	153993	57046	4001	466441	29353
西部地区	Western Region	157337	73021	7140	2012	155325	11072
东北地区	Northeaastern Region	40052	12557	2086	516	38701	8817
北　京	Beijing	182502	93256	9093	2332	179766	18967
天　津	Tianjin	89184	48086	13568	754	82706	2
河　北	Hebei	112358	34752	3573	4464	107147	28609
山　西	Shanxi	33772	15319	369	1072	32700	4748
内蒙古	Inner Mongolia	6533	1472	171		6533	
辽　宁	Liaoning	35597	11348	1940	456	34306	8538
吉　林	Jilin	2717	612	20	60	2657	19
黑龙江	Heilongjiang	1738	596	126		1738	260
上　海	Shanghai	340329	158799	10225	11314	312956	5656
江　苏	Jiangsu	803981	218545	155980	8406	785834	52348
浙　江	Zhejiang	631178	366016	31674	18148	612036	124741
安　徽	Anhui	79308	25064	5142	1152	76592	12439
福　建	Fujian	428767	165673	33109	7138	419671	15920
江　西	Jiangxi	14490	4007	1254	151	14339	163
山　东	Shandong	79155	23356	4503	1208	77863	30289
河　南	Henan	101843	41403	4489	166	101677	1363
湖　北	Hubei	113993	31160	7209	181	113803	10535
湖　南	Hunan	128609	37039	38584	1279	127330	106
广　东	Guangdong	1167114	437119	129543	34806	1128249	50573
广　西	Guangxi	6183	2338	2672	105	6079	55
海　南	Hainan	6216	2134	324		6216	6749
重　庆	Chongqing	41984	17044	664	739	41245	259
四　川	Sichuan	83704	47426	1502	197	83506	8450
贵　州	Guizhou	53	42			53	
云　南	Yunnan	9855	3518	2101	801	9053	2288
西　藏	Tibet						
陕　西	Shaanxi	8997	1155	30	170	8827	
甘　肃	Gansu						
青　海	Qinghai						
宁　夏	Ningxia	28	26			28	19
新　疆	Xinjiang						

2-3-4 续表 3 continued

单位：万元 (10000 yuan)

地区	Region	外商投资企业 Foreign Funded Enterprises					
		R&D经费内部支出 Intramural Expenditure on R&D	#人员劳务费 Labor Cost	#仪器和设备 Equipment	#政府资金 Government Funds	#企业资金 Self-raised Funds by Enterprises	R&D经费外部支出 External Expenditure on R&D
全国	**Total**	**4224239**	**1651022**	**349831**	**90459**	**4054660**	**235194**
东部地区	Eastern Region	3683475	1475897	317372	78861	3529224	220206
中部地区	Middle Region	160730	48120	14484	4770	155847	10179
西部地区	Western Region	273660	91428	13734	1438	268929	3624
东北地区	Northeaastern Region	106375	35576	4242	5390	100660	1185
北京	Beijing	177336	83616	4830	9445	161712	11916
天津	Tianjin	197597	69072	9814	144	173690	13603
河北	Hebei	79461	27589	8718	2631	76830	10954
山西	Shanxi	19683	11877	22		19683	28
内蒙古	Inner Mongolia						
		94614	30902	2939	5253	89087	16
辽宁	Liaoning	1012	330	15		1012	690
吉林	Jilin	10748	4343	1288	137	10561	479
黑龙江	Heilongjiang	321181	167674	13422	24921	289455	18264
		1326441	513837	149920	6460	1292650	71868
上海	Shanghai	274004	107631	23503	9467	262754	23056
江苏	Jiangsu	19128	9062	2032	1006	18122	141
浙江	Zhejiang	216980	118667	7887	2710	213465	2505
安徽	Anhui	37706	10602	2450	1526	36180	2244
福建	Fujian	320505	131304	28542	6937	311796	23819
江西	Jiangxi	12521	5729	1228	19	12470	25
山东	Shandong	60782	7828	7061	1974	58729	7488
		10909	3023	1690	246	10663	255
河南	Henan	768220	255866	70692	16147	745122	44211
湖北	Hubei	468	174	24	194	274	62
湖南	Hunan	1749	641	44		1749	12
广东	Guangdong	81494	34696	5517	542	79314	1461
广西	Guangxi	27977	8284	5209	418	25906	120
海南	Hainan	2059	366	8	171	1889	111
		762	123	210	30	732	488
重庆	Chongqing						
四川	Sichuan	157050	47148	2766		157050	1175
贵州	Guizhou						
云南	Yunnan						
西藏	Tibet	1344	227		20	1324	208
		2507	410		65	2442	
陕西	Shaanxi						
甘肃	Gansu						
青海	Qinghai						
宁夏	Ningxia						
新疆	Xinjiang						

2-3-5 按地区和行业分高技术产业R&D经费情况(2018年)

R&D Expenditure in High-tech Industry by Region and Industrial Sector(2018)

单位：万元 (10000 yuan)

地区	Region	医药制造业 Medical and Pharmaceutical Products Manufacturing					
		R&D经费内部支出 Intramural Expenditure on R&D	#人员劳务费 Labor Cost	#仪器和设备 Equipment	#政府资金 Government Funds	#企业资金 Self-raised Funds by Enterprises	R&D经费外部支出 External Expenditure on R&D
全　国	**Total**	**5808857**	**1558125**	**577931**	**228177**	**5536163**	**979936**
东部地区	Eastern Region	3892790	1124124	362877	146524	3716115	685656
中部地区	Middle Region	1090900	220297	133290	32568	1049702	139455
西部地区	Western Region	640562	150783	63513	38826	598260	96053
东北地区	Northeaastern Region	184604	62922	18251	10258	172086	58772
北　京	Beijing	286445	100488	14928	13895	270235	32865
天　津	Tianjin	138976	51510	24063	3463	135373	22011
河　北	Hebei	217051	65269	21815	11002	205272	54080
山　西	Shanxi	40305	12662	2382	746	39361	11961
内蒙古	Inner Mongolia	21492	6936	684	897	20574	2282
辽　宁	Liaoning	64454	23095	5204	2224	61768	21341
吉　林	Jilin	82207	24482	10452	7220	73240	26967
黑龙江	Heilongjiang	37944	15346	2595	815	37078	10464
上　海	Shanghai	258194	95143	14587	8905	245246	39543
江　苏	Jiangsu	1104503	246845	83025	18480	1075911	100247
浙　江	Zhejiang	449216	157438	58931	16148	429344	127337
安　徽	Anhui	187184	27889	35448	10014	174442	27939
福　建	Fujian	74441	26168	10364	4147	68529	17659
江　西	Jiangxi	136898	29898	18171	2965	133933	13641
山　东	Shandong	943642	269286	101056	34049	904416	185667
河　南	Henan	221104	57886	24643	5107	212841	17334
湖　北	Hubei	328242	62325	38805	8064	318692	39043
湖　南	Hunan	177168	29637	13840	5673	170434	29537
广　东	Guangdong	379487	100490	31219	35802	341900	74782
广　西	Guangxi	18096	5454	1162	2189	15811	7631
海　南	Hainan	40834	11489	2888	634	39890	31466
重　庆	Chongqing	138736	35804	14228	9315	129238	12745
四　川	Sichuan	228724	50725	26252	13279	213624	45175
贵　州	Guizhou	51464	11441	6030	3172	47885	5967
云　南	Yunnan	61154	13332	5274	3643	57115	8855
西　藏	Tibet	1255	619	180	44	1196	109
陕　西	Shaanxi	49888	9989	3093	2385	47005	8012
甘　肃	Gansu	34608	8758	3217	1145	33422	2116
青　海	Qinghai	1919	748	152	20	1899	37
宁　夏	Ningxia	11635	2236	1746	1654	9981	1206
新　疆	Xinjiang	21591	4742	1495	1082	20510	1919

2-3-5 续表 1 continued

单位：万元 (10000 yuan)

地区	Region	电子及通信设备制造业 Manufacture of Electronic Equipment and Communication Equipment					
		R&D经费内部支出 Intramural Expenditure on R&D	#人员劳务费 Labor Cost	#仪器和设备 Equipment	#政府资金 Government Funds	#企业资金 Self-raised Funds by Enterprises	R&D经费外部支出 External Expenditure on R&D
全国	**Total**	**22733669**	**10092320**	**2481571**	**988645**	**21638698**	**2796144**
东部地区	Eastern Region	17888127	8313868	1838107	609348	17195712	2542745
中部地区	Middle Region	2860886	985249	458062	197195	2646671	187579
西部地区	Western Region	1812920	725274	174271	170251	1637619	58055
东北地区	Northeaastern Region	171737	67929	11131	11851	158695	7765
北京	Beijing	583541	276193	44231	62375	519664	41186
天津	Tianjin	329565	141561	31216	21242	300129	29923
河北	Hebei	170531	60302	23464	3802	166614	750
山西	Shanxi	88802	37815	2457	2277	86433	108
内蒙古	Inner Mongolia	72266	9886	198	52	72215	
辽宁	Liaoning	158701	62788	9917	9598	148095	7149
吉林	Jilin	8483	3216	1038	2252	6086	611
黑龙江	Heilongjiang	4553	1925	177		4514	6
上海	Shanghai	649329	299383	25621	121084	520905	18364
江苏	Jiangsu	2634896	814360	425087	50024	2547321	97603
浙江	Zhejiang	1741333	933217	94096	27926	1711206	158646
安徽	Anhui	655013	264825	109866	30063	617020	22822
福建	Fujian	1288020	482072	237358	37946	1241324	35414
江西	Jiangxi	391781	96811	57652	10379	380681	34666
山东	Shandong	690152	283891	44375	20940	663795	84297
河南	Henan	316272	134596	31568	6600	304608	4174
湖北	Hubei	919056	291784	199122	127040	789595	98299
湖南	Hunan	489962	159419	57397	20836	468335	27510
广东	Guangdong	9797181	5020275	912657	264010	9521413	2076562
广西	Guangxi	28313	12805	4017	2392	25791	123
海南	Hainan	3578	2615	4		3341	
重庆	Chongqing	266739	87974	27897	18755	244917	7982
四川	Sichuan	917129	479255	64363	89570	826064	32880
贵州	Guizhou	54995	13740	5727	5955	49004	1363
云南	Yunnan	17847	4420	3150	549	17298	329
西藏	Tibet						
陕西	Shaanxi	343229	101253	32308	48737	294493	7379
甘肃	Gansu	49569	13250	13547	462	48787	256
青海	Qinghai	22235	810	19884	1012	21222	7536
宁夏	Ningxia	37437	1438	3136	2379	35058	208
新疆	Xinjiang	3160	443	45	389	2771	

2-3-5 续表 2 continued

单位：万元 (10000 yuan)

地区	Region	计算机及办公设备制造业 Manufacture of Computer and Office Equipments					
		R&D经费内部支出 Intramural Expenditure on R&D	#人员劳务费 Labor Cost	#仪器和设备 Equipment	#政府资金 Government Funds	#企业资金 Self-raised Funds by Enterprises	R&D经费外部支出 External Expenditure on R&D
全国	**Total**	**2224053**	**1077321**	**146213**	**93733**	**2080475**	**126360**
东部地区	Eastern Region	1847494	940053	119222	59325	1740022	97323
中部地区	Middle Region	196307	70894	11617	11494	183856	16918
西部地区	Western Region	170790	63449	14493	22235	147814	11275
东北地区	Northeaastern Region	9462	2925	881	680	8783	844
北京	Beijing	84917	62444	1701	5581	79291	11714
天津	Tianjin	138182	51251	15285	26849	89862	10387
河北	Hebei	3044	1598	155	173	2871	301
山西	Shanxi	1532	144	44		842	40
内蒙古	Inner Mongolia	56	37			56	
辽宁	Liaoning	7438	1853	877	300	7138	738
吉林	Jilin	727	574		380	347	106
黑龙江	Heilongjiang	1298	498	4		1298	
上海	Shanghai	66828	43518	364	1423	54278	486
江苏	Jiangsu	350727	155114	12967	941	346162	22066
浙江	Zhejiang	74862	26690	1651	868	73236	466
安徽	Anhui	101537	37236	9341	8811	92710	16317
福建	Fujian	266047	142043	3850	4255	261627	4776
江西	Jiangxi	9995	3310	619	487	9508	40
山东	Shandong	409302	244539	55220	6196	393208	14766
河南	Henan	4793	1629	324	80	4594	
湖北	Hubei	58895	20317	77	81	58815	151
湖南	Hunan	19555	8259	1212	2035	17387	371
广东	Guangdong	453587	212858	28029	13040	439488	32361
广西	Guangxi	5642	1419	455	27	5615	
海南	Hainan						
重庆	Chongqing	106995	37363	9496	828	105426	1185
四川	Sichuan	52848	21456	4515	21158	31690	9770
贵州	Guizhou	310	143	2		310	
云南	Yunnan	3422	2161	26	223	3199	277
西藏	Tibet						
陕西	Shaanxi	1518	871	0		1518	43
甘肃	Gansu						
青海	Qinghai						
宁夏	Ningxia						
新疆	Xinjiang						

2-3-5 续表 3 continued

单位：万元 (10000 yuan)

地区	Region	医疗仪器设备及仪器仪表制造业 Manufacture of Medical Equipments and Measuring Instrument					
		R&D经费内部支出 Intramural Expenditure on R&D	#人员劳务费 Labor Cost	#仪器和设备 Equipment	#政府资金 Government Funds	#企业资金 Self-raised Funds by Enterprises	R&D经费外部支出 External Expenditure on R&D
全国	**Total**	**3174900**	**1412919**	**235301**	**182823**	**2959090**	**134769**
东部地区	Eastern Region	2534526	1191407	180577	107672	2397181	108279
中部地区	Middle Region	307936	115245	18847	14810	291188	14368
西部地区	Western Region	244734	74185	34101	54861	189127	7675
东北地区	Northeaastern Region	87704	32082	1775	5479	81594	4448
北京	Beijing	204038	104845	5259	4982	192448	6448
天津	Tianjin	53586	24712	3583	1572	51492	570
河北	Hebei	28852	13085	1783	1541	27086	1562
山西	Shanxi	3999	2035	310	497	3502	173
内蒙古	Inner Mongolia	13	7			13	
辽宁	Liaoning	74312	27506	1326	4202	69893	3422
吉林	Jilin	2584	1302		1262	1322	545
黑龙江	Heilongjiang	10808	3274	449	15	10379	481
上海	Shanghai	167086	92934	7663	13933	152054	3839
江苏	Jiangsu	838810	348575	85005	17513	807189	45525
浙江	Zhejiang	421446	204062	32630	19286	398546	15531
安徽	Anhui	39548	12733	3484	3520	36002	1601
福建	Fujian	54406	28884	3255	2864	51394	2966
江西	Jiangxi	26161	9810	1077	500	25637	621
山东	Shandong	190454	80066	10978	8072	181112	4507
河南	Henan	91527	35543	5193	2972	87248	3458
湖北	Hubei	58814	19970	4522	1767	56587	5585
湖南	Hunan	87887	35155	4262	5554	82214	2930
广东	Guangdong	575848	294244	30422	37910	535860	27332
广西	Guangxi	8792	2320	583	1224	7567	492
海南	Hainan						
重庆	Chongqing	65798	30092	6323	3535	62236	2435
四川	Sichuan	50958	18319	4059	4843	45778	752
贵州	Guizhou	3727	1376	271	156	3571	9
云南	Yunnan	9096	3219	315	169	8545	198
西藏	Tibet						
陕西	Shaanxi	90982	15137	20107	42779	48203	2058
甘肃	Gansu	6343	1124	500	209	6134	1277
青海	Qinghai	516	214	63		516	
宁夏	Ningxia	8046	2107	1859	1905	6141	455
新疆	Xinjiang	464	272	21	40	424	

2-3-5　续表 4　continued

单位：万元　(10000 yuan)

地　区	Region	信息化学品制造业 Manufacture of Electronic Chemicals					
		R&D经费内部支出 Intramural Expenditure on R&D	#人员劳务费 Labor Cost	#仪器和设备 Equipment	#政府资金 Government Funds	#企业资金 Self-raised Funds by Enterprises	R&D经费外部支出 External Expenditure on R&D
全　国	**Total**	**181045**	**51226**	**14148**	**6806**	**174137**	**2730**
东部地区	Eastern Region	138155	41543	12639	5183	132948	2405
中部地区	Middle Region	30550	6795	1066	742	29731	124
西部地区	Western Region	11733	2731	420	608	11125	20
东北地区	Northeaastern Region	607	157	23	274	334	182
北　京	Beijing						
天　津	Tianjin						
河　北	Hebei	8917	3029	1168	163	8754	45
山　西	Shanxi						
内 蒙 古	Inner Mongolia						
辽　宁	Liaoning	607	157	23	274	334	182
吉　林	Jilin						
黑 龙 江	Heilongjiang						
上　海	Shanghai	710	272	169	200	510	59
江　苏	Jiangsu	68319	16139	5779	1210	67086	1718
浙　江	Zhejiang	14299	2460	212	199	14100	
安　徽	Anhui	707	137	28	120	587	10
福　建	Fujian	5675	1984	941	25	5650	
江　西	Jiangxi	3363	432	359	386	2977	35
山　东	Shandong	25102	13364	1738	2322	22781	581
河　南	Henan	7480	3109	62		7480	
湖　北	Hubei	10569	1486	42	178	10391	10
湖　南	Hunan	8432	1631	576	58	8296	70
广　东	Guangdong	15132	4296	2633	1065	14067	1
广　西	Guangxi						
海　南	Hainan						
重　庆	Chongqing	1527	511	24	8	1519	
四　川	Sichuan	1602	472	230	80	1522	20
贵　州	Guizhou						
云　南	Yunnan	315	43	87		315	
西　藏	Tibet						
陕　西	Shaanxi	3465	1102	80	170	3295	
甘　肃	Gansu						
青　海	Qinghai						
宁　夏	Ningxia	2364	447		320	2044	
新　疆	Xinjiang	2460	156		30	2430	

2-4-1 各地区高技术产业新产品开发和销售情况(2018年)

New Products Development and Sale in High-tech Industry by Region(2018)

单位：万元 (10000 yuan)

地区	Region	新产品开发项目数(项) New Products (item)	新产品开发经费支出 Expenditure on New Products Development	新产品销售收入 Sales Revenue of New Products	#出口 Exports
全国	**Total**	**131634**	**46389298**	**568941517**	**193320485**
东部地区	Eastern Region	96300	36058636	431280674	137383163
中部地区	Middle Region	18641	5511932	92901294	45152806
西部地区	Western Region	12906	4105889	37386774	10127192
东北地区	Northeaastern Region	3787	712840	7372774	657324
北京	Beijing	4951	1745714	20280793	4245496
天津	Tianjin	2562	687001	10844171	5977714
河北	Hebei	2026	503492	5261734	1125828
山西	Shanxi	818	165005	1804079	312842
内蒙古	Inner Mongolia	300	84617	2100003	348923
辽宁	Liaoning	1850	468682	5622287	485916
吉林	Jilin	971	161834	1362702	168151
黑龙江	Heilongjiang	966	82324	387785	3258
上海	Shanghai	3982	1833865	14096504	5883229
江苏	Jiangsu	17654	6539479	88085024	33174262
浙江	Zhejiang	13926	2984435	40226893	8415288
安徽	Anhui	4695	1181162	17961823	6884488
福建	Fujian	4346	1663998	19809358	8174507
江西	Jiangxi	3910	911432	10147616	1708702
山东	Shandong	7848	2182509	23932572	3999561
河南	Henan	2817	679532	36536923	31836217
湖北	Hubei	3316	1598881	15836867	1387284
湖南	Hunan	3085	975922	10613987	3023272
广东	Guangdong	38526	17862113	208509696	66385871
广西	Guangxi	474	65244	1693362	973599
海南	Hainan	479	56031	233930	1407
重庆	Chongqing	2793	557546	12339099	6416932
四川	Sichuan	4921	1835505	11588168	1522755
贵州	Guizhou	1274	264780	2098785	21363
云南	Yunnan	750	109467	958562	54503
西藏	Tibet	21	2703		
陕西	Shaanxi	1695	963622	3782017	251531
甘肃	Gansu	257	109715	957354	479850
青海	Qinghai	49	37646	269830	179
宁夏	Ningxia	238	54409	1134899	57559
新疆	Xinjiang	134	20637	464695	

2-4-2 按地区和企业规模分高技术产业新产品开发和销售情况(2018年)
New Products Development and Sale in High-tech Industry by Region and Industrial Sector(2018)

单位：万元 (10000 yuan)

地区	Region	大型企业 Large-sized Enterprises			
		新产品开发项目数(项) New Products (item)	新产品开发经费支出 Expenditure on New Products Development	新产品销售收入 Sales Revenue of New Products	#出口 Exports
全　国	**Total**	**25312**	**28858997**	**406513492**	**163535862**
东部地区	Eastern Region	17848	23626815	314770403	111961081
中部地区	Middle Region	3639	2642856	66624111	43063870
西部地区	Western Region	3300	2349330	23169222	8310482
东北地区	Northeaastern Region	525	239996	1949756	200429
北　京	Beijing	766	714755	13020414	3561926
天　津	Tianjin	434	356473	7715098	5562986
河　北	Hebei	495	302229	3982962	955085
山　西	Shanxi	222	106236	1229254	305372
内蒙古	Inner Mongolia	68	56380	1718453	323255
辽　宁	Liaoning	166	143875	1187384	163547
吉　林	Jilin	190	77001	585340	34408
黑龙江	Heilongjiang	169	19120	177032	2474
上　海	Shanghai	626	1060290	8372874	4594867
江　苏	Jiangsu	3459	3563039	60010428	27717583
浙　江	Zhejiang	1835	1543098	21645759	5027249
安　徽	Anhui	722	589854	11131715	6259696
福　建	Fujian	967	1065012	15430707	7246443
江　西	Jiangxi	844	373327	5321724	1433661
山　东	Shandong	2579	1438380	18606773	2606273
河　南	Henan	608	279265	33791651	31425883
湖　北	Hubei	896	861597	10109835	871019
湖　南	Hunan	347	432576	5039933	2768239
广　东	Guangdong	6673	13581040	165985390	54688667
广　西	Guangxi	104	26030	521154	128169
海　南	Hainan	14	2500		
重　庆	Chongqing	721	276270	8667437	5979945
四　川	Sichuan	1032	989769	6130238	1180867
贵　州	Guizhou	387	107847	1060662	1754
云　南	Yunnan	174	25751	415963	2223
西　藏	Tibet				
陕　西	Shaanxi	630	731859	2519049	169930
甘　肃	Gansu	88	70096	703064	478239
青　海	Qinghai	6	20713	79572	
宁　夏	Ningxia	45	33178	918418	46101
新　疆	Xinjiang	45	11440	435212	

2-4-2 续表 continued

单位：万元 (10000 yuan)

地 区	Region	中型企业 Medium-sized Enterprises 新产品开发项目数(项) New Products (item)	新产品开发经费支出 Expenditure on New Products Development	新产品销售收入 Sales Revenue of New Products	#出口 Exports
全 国	**Total**	**36561**	**8825472**	**97601323**	**21414357**
东部地区	Eastern Region	26895	6559644	72371628	18116744
中部地区	Middle Region	4781	1097883	12532945	1533405
西部地区	Western Region	3649	890171	8108800	1366449
东北地区	Northeaastern Region	1236	277774	4587950	397759
北 京	Beijing	1569	485957	3970736	406566
天 津	Tianjin	779	192462	2097437	248323
河 北	Hebei	568	117549	671123	141759
山 西	Shanxi	289	36504	401068	6338
内 蒙 古	Inner Mongolia	73	14620	241214	24689
辽 宁	Liaoning	470	198552	3891801	270208
吉 林	Jilin	390	46809	611115	127461
黑 龙 江	Heilongjiang	376	32412	85035	91
上 海	Shanghai	1241	450350	3846120	932856
江 苏	Jiangsu	5425	1643273	17796813	3891522
浙 江	Zhejiang	4146	772760	11373510	2211079
安 徽	Anhui	1090	250007	2983151	453232
福 建	Fujian	1371	293566	3120848	780585
江 西	Jiangxi	1010	194939	1817824	180781
山 东	Shandong	1705	357916	3364085	1215537
河 南	Henan	835	163988	1378618	319415
湖 北	Hubei	803	247652	3288154	396288
湖 南	Hunan	754	204793	2664130	177351
广 东	Guangdong	9783	2208903	25930560	8287309
广 西	Guangxi	139	21875	1020259	829061
海 南	Hainan	308	36908	200397	1207
重 庆	Chongqing	871	151575	2504351	210536
四 川	Sichuan	1329	393438	2041698	203287
贵 州	Guizhou	517	104443	699332	14607
云 南	Yunnan	120	22639	170199	21195
西 藏	Tibet	14	2174		
陕 西	Shaanxi	370	141632	949385	60947
甘 肃	Gansu	77	9771	142875	1611
青 海	Qinghai	15	12813	181740	17
宁 夏	Ningxia	75	9977	134606	500
新 疆	Xinjiang	49	5214	23142	

2-4-3 各地区国有及国有控股企业高技术产业新产品开发和销售情况(2017年)

New Products Development and Sale in High-tech Industry of State-owned and State-controlled Enterprises by Region (2017)

单位: 万元 (10000 yuan)

地区	Region	新产品开发项目数(项) New Products (item)	新产品开发经费支出 Expenditure on New Products Development	新产品销售收入 Sales Revenue of New Products	#出口 Exports
全国	**Total**	**15504**	**8435571**	**87959244**	**16881560**
东部地区	Eastern Region	8806	4771117	53677924	12029155
中部地区	Middle Region	2199	1707118	15548739	3292552
西部地区	Western Region	3812	1725653	14874219	1415673
东北地区	Northeaastern Region	687	231684	3858362	144181
北京	Beijing	1350	680653	3923494	629252
天津	Tianjin	947	198434	2343532	318325
河北	Hebei	279	99957	793028	100159
山西	Shanxi	101	22933	223158	80346
内蒙古	Inner Mongolia	103	52224	1828123	348231
辽宁	Liaoning	301	177563	3735859	141166
吉林	Jilin	196	39049	55651	584
黑龙江	Heilongjiang	190	15072	66853	2431
上海	Shanghai	788	454860	2151792	307769
江苏	Jiangsu	1342	410183	5098470	1119384
浙江	Zhejiang	576	462872	8190302	1511411
安徽	Anhui	513	303120	5597788	1969390
福建	Fujian	528	297588	4283534	781918
江西	Jiangxi	225	148884	2131297	299588
山东	Shandong	1256	710319	10917724	1161303
河南	Henan	314	145439	1306221	144600
湖北	Hubei	619	809900	4536899	709930
湖南	Hunan	427	276841	1753376	88699
广东	Guangdong	1684	1449216	15967104	6099634
广西	Guangxi	39	2331	158711	
海南	Hainan	56	7036	8946	
重庆	Chongqing	823	165174	2679381	668573
四川	Sichuan	1199	661983	6177576	156093
贵州	Guizhou	680	159404	954414	16146
云南	Yunnan	109	19802	156888	20934
西藏	Tibet	3	735		
陕西	Shaanxi	747	626367	2649471	202805
甘肃	Gansu	71	33186	264068	2729
青海	Qinghai	2	294	649	162
宁夏	Ningxia				
新疆	Xinjiang	36	4153	4938	

2-4-4 按地区和登记注册类型分高技术产业新产品开发和销售情况(2018年)

New Products Development and Sale in High-tech Industry by Region and Registration Status (2018)

单位：万元 (10000 yuan)

地 区	Region	内资企业 Domestic Funded			
		新产品开发项目数(项) New Products (item)	新产品开发经费支出 Expenditure on New Products Development	新产品销售收入 Sales Revenue of New Products	#出口 Exports
全 国	**Total**	**106519**	**35201705**	**364092067**	**73750611**
东部地区	Eastern Region	74225	26322109	275862400	60380089
中部地区	Middle Region	16874	4741485	52385863	9153391
西部地区	Western Region	12052	3565035	29458842	3767607
东北地区	Northeaastern Region	3368	573076	6384962	449525
北 京	Beijing	3904	1256168	7873110	707584
天 津	Tianjin	2095	401806	4098176	502659
河 北	Hebei	1580	312104	3213707	962670
山 西	Shanxi	716	117721	884344	80464
内 蒙 古	Inner Mongolia	291	79246	2076869	348923
辽 宁	Liaoning	1588	342279	4694827	280394
吉 林	Jilin	937	159702	1340587	165873
黑 龙 江	Heilongjiang	843	71095	349548	3258
上 海	Shanghai	2354	806703	5125316	1346809
江 苏	Jiangsu	12207	3551714	36095091	7260743
浙 江	Zhejiang	11666	2004233	28930392	5890331
安 徽	Anhui	4190	1054651	13357097	2866165
福 建	Fujian	3121	1031680	10050503	2015368
江 西	Jiangxi	3588	828176	8879765	1279605
山 东	Shandong	6704	1804093	18920728	1924112
河 南	Henan	2552	577249	7624373	3254974
湖 北	Hubei	2985	1391639	14032805	1206448
湖 南	Hunan	2843	772050	7607479	465736
广 东	Guangdong	30171	15107059	161321645	39768608
广 西	Guangxi	443	58682	1551169	936117
海 南	Hainan	423	46550	233730	1207
重 庆	Chongqing	2516	435210	6290237	1171476
四 川	Sichuan	4606	1650850	10173799	511375
贵 州	Guizhou	1252	262083	2089794	18454
云 南	Yunnan	659	97424	905231	50684
西 藏	Tibet	21	2703		
陕 西	Shaanxi	1609	761440	3546435	192992
甘 肃	Gansu	257	109715	957354	479850
青 海	Qinghai	48	35877	269830	179
宁 夏	Ningxia	227	53621	1133429	57559
新 疆	Xinjiang	123	18184	464695	

2-4-4 续表 1 continued

单位：万元 (10000 yuan)

地 区	Region	#国有企业 State-owned Enterprises 新产品开发项目数(项) New Products (item)	新产品开发经费支出 Expenditure on New Products Development	新产品销售收入 Sales Revenue of New Products	#出口 Exports
全 国	**Total**	**541**	**273881**	**2076174**	**55202**
东部地区	Eastern Region	222	82612	739043	10406
中部地区	Middle Region	99	71319	809288	
西部地区	Western Region	162	110275	408090	44705
东北地区	Northeaastern Region	58	9675	119753	91
北 京	Beijing	89	28694	347038	394
天 津	Tianjin			8113	
河 北	Hebei	7	8482	44695	
山 西	Shanxi	21	3336		
内 蒙 古	Inner Mongolia	12	2516	86589	
辽 宁	Liaoning	4	8444	103442	
吉 林	Jilin				
黑 龙 江	Heilongjiang	54	1231	16311	91
上 海	Shanghai	11	2470	81755	
江 苏	Jiangsu	7	14585	13831	812
浙 江	Zhejiang	14	4600	5973	
安 徽	Anhui	1	10924	162	
福 建	Fujian				
江 西	Jiangxi	27	47684	737996	
山 东	Shandong	60	18207	217250	9200
河 南	Henan				
湖 北	Hubei	23	6079	50048	
湖 南	Hunan	27	3297	21082	
广 东	Guangdong			20388	
广 西	Guangxi	10	455		
海 南	Hainan	34	5575		
重 庆	Chongqing	9	1327	16241	1208
四 川	Sichuan				
贵 州	Guizhou	16	3901	8525	
云 南	Yunnan	20	3824	19034	
西 藏	Tibet				
陕 西	Shaanxi	93	98022	277702	43497
甘 肃	Gansu	1	186		
青 海	Qinghai	1	43		
宁 夏	Ningxia				
新 疆	Xinjiang				

2-4-4 续表 2 continued

单位：万元 (10000 yuan)

地区	Region	港澳台投资企业 Enterprises with Funds from Hong Kong, Macau and Taiwan			
		新产品开发项目数(项) New Products (item)	新产品开发经费支出 Expenditure on New Products Development	新产品销售收入 Sales Revenue of New Products	#出口 Exports
全国	**Total**	**12662**	**5775727**	**118007181**	**67883509**
东部地区	Eastern Region	10989	4978791	79336564	31962131
中部地区	Middle Region	1148	565031	37432210	35524857
西部地区	Western Region	311	190492	1017928	393080
东北地区	Northeaastern Region	214	41412	220479	3441
北京	Beijing	463	243930	10784644	2830909
天津	Tianjin	133	91160	679791	558598
河北	Hebei	194	113638	1129483	4371
山西	Shanxi	57	33757	340051	226158
内蒙古	Inner Mongolia	9	5371	23133	
辽宁	Liaoning	163	38357	198363	1163
吉林	Jilin	17	806	22116	2278
黑龙江	Heilongjiang	34	2250		
上海	Shanghai	670	384157	3914729	2716433
江苏	Jiangsu	2123	1307905	24567726	8820838
浙江	Zhejiang	942	686989	7325539	897334
安徽	Anhui	427	96900	4241970	3989919
福建	Fujian	833	419884	6446317	3946186
江西	Jiangxi	124	28056	285973	69494
山东	Shandong	393	75084	1127275	24341
河南	Henan	180	89766	28870646	28578696
湖北	Hubei	164	124913	848654	103736
湖南	Hunan	196	191641	2844917	2556853
广东	Guangdong	5194	1648534	23360860	12162922
广西	Guangxi	23	5621	106538	29716
海南	Hainan	44	7509	200	200
重庆	Chongqing	81	41710	158831	94462
四川	Sichuan	78	116853	545041	256801
贵州	Guizhou	13	277	8991	2909
云南	Yunnan	82	10722	51225	1954
西藏	Tibet				
陕西	Shaanxi	24	9909	124168	7238
甘肃	Gansu				
青海	Qinghai				
宁夏	Ningxia	1	28		
新疆	Xinjiang				

2-4-4 续表 3 continued

单位：万元 (10000 yuan)

地区	Region	外商投资企业 Foreign Funded Enterprises			
		新产品开发项目数(项) New Products (item)	新产品开发经费支出 Expenditure on New Products Development	新产品销售收入 Sales Revenue of New Products	#出口 Exports
全国	**Total**	**12453**	**5411867**	**86842269**	**51686365**
东部地区	Eastern Region	11086	4757736	76081711	45040943
中部地区	Middle Region	619	205416	3083221	474558
西部地区	Western Region	543	350362	6910004	5966505
东北地区	Northeaastern Region	205	98353	767334	204359
北京	Beijing	584	245617	1623039	707003
天津	Tianjin	334	194034	6066204	4916458
河北	Hebei	252	77750	918543	158787
山西	Shanxi	45	13528	579684	6220
内蒙古	Inner Mongolia				
辽宁	Liaoning	99	88047	729096	204359
吉林	Jilin	17	1326		
黑龙江	Heilongjiang	89	8980	38237	
上海	Shanghai	958	643005	5056458	1819987
江苏	Jiangsu	3324	1679860	27422206	17092681
浙江	Zhejiang	1318	293213	3970962	1627624
安徽	Anhui	78	29611	362756	28404
福建	Fujian	392	212433	3312538	2212953
江西	Jiangxi	198	55200	981878	359603
山东	Shandong	751	303332	3884570	2051108
河南	Henan	85	12517	41904	2547
湖北	Hubei	167	82329	955407	77100
湖南	Hunan	46	12231	161591	683
广东	Guangdong	3161	1106520	23827191	14454342
广西	Guangxi	8	941	35654	7766
海南	Hainan	12	1972		
重庆	Chongqing	196	80626	5890031	5150994
四川	Sichuan	237	67802	869329	754578
贵州	Guizhou	9	2420		
云南	Yunnan	9	1320	2106	1865
西藏	Tibet				
陕西	Shaanxi	62	192272	111414	51302
甘肃	Gansu				
青海	Qinghai	1	1769		
宁夏	Ningxia	10	759	1470	
新疆	Xinjiang	11	2452		

2-4-5 按地区和行业分高技术产业新产品开发和销售情况(2018年)
New Products Development and Sale in High-tech Industry by Region and Industrial Sector (2018)

单位：万元 (10000 yuan)

地区	Region	医药制造业 Medical and Pharmaceutical Products Manufacturing			
		新产品开发项目数(项) New Products (item)	新产品开发经费支出 Expenditure on New Products Development	新产品销售收入 Sales Revenue of New Products	#出口 Exports
全国	**Total**	**31679**	**6520596**	**63670361**	**4872274**
东部地区	Eastern Region	18853	4301927	41029669	3624339
中部地区	Middle Region	6351	1239663	12952721	747756
西部地区	Western Region	4598	729410	7464157	313815
东北地区	Northeaastern Region	1877	249597	2223815	186364
北京	Beijing	1632	384112	2581068	30176
天津	Tianjin	779	133371	1472935	151212
河北	Hebei	810	231719	2714634	126100
山西	Shanxi	406	47084	704400	79332
内蒙古	Inner Mongolia	182	27162	234751	25380
辽宁	Liaoning	527	76998	834967	58208
吉林	Jilin	641	127638	1150930	127593
黑龙江	Heilongjiang	709	44961	237918	563
上海	Shanghai	1148	328337	2712682	149388
江苏	Jiangsu	3370	1270688	10438349	678539
浙江	Zhejiang	3177	444650	6096384	1513875
安徽	Anhui	1517	231945	3130361	147248
福建	Fujian	771	79061	632369	60960
江西	Jiangxi	1140	179528	1529559	74052
山东	Shandong	3800	854590	8401356	757011
河南	Henan	1100	234109	1844897	70948
湖北	Hubei	1379	366892	3328940	286889
湖南	Hunan	809	180105	2414564	89287
广东	Guangdong	2932	527016	5745962	155671
广西	Guangxi	190	17170	474546	52531
海南	Hainan	434	48383	233930	1407
重庆	Chongqing	800	112530	2193052	115015
四川	Sichuan	1692	279076	2070503	31967
贵州	Guizhou	351	63897	819147	652
云南	Yunnan	559	69668	568188	29622
西藏	Tibet	21	2703		
陕西	Shaanxi	412	94784	519315	2917
甘肃	Gansu	158	35224	262354	2729
青海	Qinghai	27	3046	1029	162
宁夏	Ningxia	101	11842	162029	52840
新疆	Xinjiang	105	12307	159243	

2-4-5 续表 1 continued

单位：万元 (10000 yuan)

地区	Region	电子及通信设备制造业 Manufacture of Electronic Equipment and Communication Equipment			
		新产品开发项目数（项） New Products (item)	新产品开发经费支出 Expenditure on New Products Development	新产品销售收入 Sales Revenue of New Products	#出口 Exports
全国	**Total**	**64451**	**30855441**	**403420430**	**152300351**
东部地区	Eastern Region	50779	25257455	317919632	108995303
中部地区	Middle Region	8197	3264457	67984823	39439743
西部地区	Western Region	4589	2125093	15910353	3455582
东北地区	Northeaastern Region	886	208435	1605621	409723
北京	Beijing	1513	728568	13110686	3920005
天津	Tianjin	967	330101	7270866	4810446
河北	Hebei	591	204474	2033975	955736
山西	Shanxi	304	101036	1049662	233510
内蒙古	Inner Mongolia	95	54566	1777903	323542
辽宁	Liaoning	597	172223	1387051	368945
吉林	Jilin	200	22638	178981	40558
黑龙江	Heilongjiang	89	13575	39590	220
上海	Shanghai	1539	1003536	8784254	4801329
江苏	Jiangsu	8233	3408731	48176239	20336750
浙江	Zhejiang	6580	1958464	27760493	5115170
安徽	Anhui	2193	766258	9377311	2297296
福建	Fujian	2537	1272871	15911383	6478392
江西	Jiangxi	2137	555536	6565393	1438497
山东	Shandong	1980	697952	8489005	2410245
河南	Henan	847	249169	33354473	31658222
湖北	Hubei	1268	1015477	10759050	898431
湖南	Hunan	1448	576982	6878934	2913787
广东	Guangdong	26805	15647183	186382731	60167230
广西	Guangxi	179	35132	344634	88884
海南	Hainan	34	5575		
重庆	Chongqing	1065	268772	3965169	1272459
四川	Sichuan	2007	1190220	6114459	1107220
贵州	Guizhou	564	77094	737197	5882
云南	Yunnan	89	22562	271295	4370
西藏	Tibet				
陕西	Shaanxi	441	347793	861050	171560
甘肃	Gansu	75	57826	657665	477121
青海	Qinghai	21	34522	268506	17
宁夏	Ningxia	42	33991	908317	4527
新疆	Xinjiang	11	2616	4160	

2-4-5 续表 2 continued

单位：万元 (10000 yuan)

地 区	Region	计算机及办公设备制造业 Manufacture of Computer and Office Equipments 新产品开发项目数(项) New Products (item)	新产品开发经费支出 Expenditure on New Products Development	新产品销售收入 Sales Revenue of New Products	#出口 Exports
全 国	**Total**	**8382**	**3028859**	**57824579**	**30791383**
东部地区	Eastern Region	6907	2602288	45350650	20089817
中部地区	Middle Region	789	225710	5198914	4611904
西部地区	Western Region	606	186635	7245845	6085530
东北地区	Northeaastern Region	80	14226	29171	4132
北 京	Beijing	205	125465	2395578	162055
天 津	Tianjin	190	139406	1777021	951424
河 北	Hebei	60	3892	24419	4811
山 西	Shanxi	2	1543	8847	
内 蒙 古	Inner Mongolia	8	352	760	
辽 宁	Liaoning	33	8009	26870	4132
吉 林	Jilin	28	3603		
黑 龙 江	Heilongjiang	19	2614	2300	
上 海	Shanghai	140	80504	807479	712422
江 苏	Jiangsu	924	748748	20689883	10751083
浙 江	Zhejiang	493	55495	1200525	838533
安 徽	Anhui	471	108038	4617457	4418917
福 建	Fujian	485	252760	2832268	1522755
江 西	Jiangxi	116	16250	312710	175978
山 东	Shandong	425	406325	5558494	533558
河 南	Henan	56	6536	43540	
湖 北	Hubei	16	64774	98981	2366
湖 南	Hunan	128	28568	117380	14643
广 东	Guangdong	3985	789693	10064984	4613176
广 西	Guangxi	7	1256	845181	824432
海 南	Hainan				
重 庆	Chongqing	334	97396	5642177	5001435
四 川	Sichuan	213	79024	709767	257083
贵 州	Guizhou	8	1784	8805	
云 南	Yunnan	21	4788	27592	2476
西 藏	Tibet				
陕 西	Shaanxi	15	2035	11564	104
甘 肃	Gansu				
青 海	Qinghai				
宁 夏	Ningxia				
新 疆	Xinjiang				

2-4-5 续表 3 continued

单位：万元 (10000 yuan)

地 区	Region	医疗仪器设备及仪器仪表制造业 Manufacture of Medical Equipments and Measuring Instrument			
		新产品开发项目数（项） New Products (item)	新产品开发经费支出 Expenditure on New Products Development	新产品销售收入 Sales Revenue of New Products	#出口 Exports
全　国	**Total**	**23742**	**3967175**	**27776988**	**3899956**
东部地区	Eastern Region	18351	3186177	22340610	3651198
中部地区	Middle Region	2821	381177	3501904	114880
西部地区	Western Region	1834	303059	1609389	99327
东北地区	Northeaastern Region	736	96762	325084	34553
北　京	Beijing	1342	284158	1428787	114369
天　津	Tianjin	524	57706	248512	59951
河　北	Hebei	433	41517	343894	33743
山　西	Shanxi	99	7072	35928	
内蒙古	Inner Mongolia	3	20		
辽　宁	Liaoning	536	77004	226869	32078
吉　林	Jilin	93	5205	23924	
黑龙江	Heilongjiang	107	14553	74291	2474
上　海	Shanghai	1072	243109	1163805	218439
江　苏	Jiangsu	4831	983777	7548444	1201326
浙　江	Zhejiang	3608	514083	4864049	943194
安　徽	Anhui	485	64552	798651	17823
福　建	Fujian	529	54121	393805	90698
江　西	Jiangxi	433	39379	457154	20160
山　东	Shandong	1499	192287	1200999	92029
河　南	Henan	697	102595	684971	50368
湖　北	Hubei	482	73920	631084	22172
湖　南	Hunan	625	93659	894117	4357
广　东	Guangdong	4513	815419	5148316	897448
广　西	Guangxi	98	11686	29001	7752
海　南	Hainan				
重　庆	Chongqing	582	76550	508561	17415
四　川	Sichuan	627	84080	345119	45875
贵　州	Guizhou	44	7240	29892	755
云　南	Yunnan	74	11677	87442	14921
西　藏	Tibet				
陕　西	Shaanxi	297	96949	544965	12417
甘　肃	Gansu	17	6462		
青　海	Qinghai	1	78	295	
宁　夏	Ningxia	87	7714	64114	192
新　疆	Xinjiang	4	603		

2-4-5 续表 4 continued

单位：万元 (10000 yuan)

地 区	Region	信息化学品制造业 Manufacture of Electronic Chemicals 新产品开发项目数(项) New Products (item)	新产品开发经费支出 Expenditure on New Products Development	新产品销售收入 Sales Revenue of New Products	#出口 Exports
全 国	**Total**	**668**	**206888**	**3495303**	**594095**
东部地区	Eastern Region	512	159156	2074736	366522
中部地区	Middle Region	97	32900	945264	209122
西部地区	Western Region	49	13623	463859	16648
东北地区	Northeaastern Region	10	1209	11444	1804
北 京	Beijing	7	2047	13474	10
天 津	Tianjin				
河 北	Hebei	97	10274	94890	5438
山 西	Shanxi				
内 蒙 古	Inner Mongolia				
辽 宁	Liaoning	9	626	11444	1804
吉 林	Jilin				
黑 龙 江	Heilongjiang	1	583		
上 海	Shanghai	9	1718	8248	150
江 苏	Jiangsu	124	83172	1060396	132431
浙 江	Zhejiang	54	10040	286370	4516
安 徽	Anhui	8	4710	12669	2215
福 建	Fujian	14	4984	39533	21702
江 西	Jiangxi	17	6080	18434	
山 东	Shandong	96	24447	246443	187972
河 南	Henan	15	1872	203414	56678
湖 北	Hubei	40	10704	544206	150228
湖 南	Hunan	17	9535	166541	
广 东	Guangdong	111	22474	325383	14304
广 西	Guangxi				
海 南	Hainan				
重 庆	Chongqing	4	1527	25896	10607
四 川	Sichuan	10	1712	66205	4076
贵 州	Guizhou				
云 南	Yunnan	2	315	2106	1865
西 藏	Tibet				
陕 西	Shaanxi	11	4097	67920	100
甘 肃	Gansu				
青 海	Qinghai				
宁 夏	Ningxia	8	861	439	
新 疆	Xinjiang	14	5110	301292	

2-5-1 各地区高技术产业专利情况(2018年)

Statistics on Patents in High-tech Industry by Region(2018)

单位：件 (piece)

地 区	Region	专利申请数 Patent Applications	#发明专利 Invention Patents	有效发明专利数 Number of Patents In Force
全 国	**Total**	**264736**	**137633**	**425137**
东部地区	Eastern Region	205997	109442	350090
中部地区	Middle Region	33738	15404	37350
西部地区	Western Region	21428	10632	30541
东北地区	Northeaastern Region	3573	2155	7156
北 京	Beijing	7796	5013	24753
天 津	Tianjin	2459	1069	6504
河 北	Hebei	1633	719	3373
山 西	Shanxi	325	163	1012
内蒙古	Inner Mongolia	273	152	390
辽 宁	Liaoning	2517	1510	4943
吉 林	Jilin	638	414	1291
黑龙江	Heilongjiang	418	231	922
上 海	Shanghai	8191	5136	16204
江 苏	Jiangsu	35009	14495	43959
浙 江	Zhejiang	19033	7952	19003
安 徽	Anhui	9199	4276	9263
福 建	Fujian	8500	3794	9614
江 西	Jiangxi	6001	1705	4309
山 东	Shandong	17712	11961	19986
河 南	Henan	4909	1406	5160
湖 北	Hubei	7539	5023	10060
湖 南	Hunan	5765	2831	7546
广 东	Guangdong	105541	59216	206134
广 西	Guangxi	758	390	857
海 南	Hainan	123	87	560
重 庆	Chongqing	4617	1927	4179
四 川	Sichuan	9570	5094	13203
贵 州	Guizhou	1811	994	2709
云 南	Yunnan	704	211	1182
西 藏	Tibet	5	3	67
陕 西	Shaanxi	2766	1469	6623
甘 肃	Gansu	344	157	479
青 海	Qinghai	219	70	163
宁 夏	Ningxia	183	85	268
新 疆	Xinjiang	178	80	421

2-5-2 按地区和企业规模分高技术产业专利情况(2018年)

Statistics on Patents in High-tech Industry by Region and Industrial Sector(2018)

单位：件 (piece)

地区	Region	大型企业 Large-sized Enterprises 专利申请数 Patent Applications	#发明专利 Invention Patents	有效发明专利数 Number of Patents In Force
全国	**Total**	**122696**	**82625**	**254443**
东部地区	Eastern Region	103070	71077	230714
中部地区	Middle Region	10621	6137	12442
西部地区	Western Region	8027	4648	9906
东北地区	Northeaastern Region	978	763	1381
北京	Beijing	3133	2559	13847
天津	Tianjin	598	329	2509
河北	Hebei	353	210	1337
山西	Shanxi	86	48	186
内蒙古	Inner Mongolia	111	70	128
辽宁	Liaoning	698	587	826
吉林	Jilin	192	152	352
黑龙江	Heilongjiang	88	24	203
上海	Shanghai	4272	3546	8283
江苏	Jiangsu	9739	5338	14712
浙江	Zhejiang	7589	4415	9015
安徽	Anhui	2842	1292	2427
福建	Fujian	3975	2292	4621
江西	Jiangxi	1248	495	1035
山东	Shandong	12931	9827	12822
河南	Henan	935	342	708
湖北	Hubei	3714	2929	5282
湖南	Hunan	1796	1031	2804
广东	Guangdong	60477	42558	163563
广西	Guangxi	141	50	204
海南	Hainan	3	3	5
重庆	Chongqing	1266	433	895
四川	Sichuan	4342	2767	3838
贵州	Guizhou	460	307	1077
云南	Yunnan	84	56	352
西藏	Tibet			
陕西	Shaanxi	1312	828	2883
甘肃	Gansu	73	47	165
青海	Qinghai	101	31	43
宁夏	Ningxia	31	12	32
新疆	Xinjiang	106	47	289

2-5-2 续表 continued

单位：件 (piece)

地区	Region	中型企业 Medium-sized Enterprises 专利申请数 Patent Applications	#发明专利 Invention Patents	有效发明专利数 Number of Patents In Force
全国	**Total**	**56904**	**24822**	**73522**
东部地区	Eastern Region	43975	19303	52096
中部地区	Middle Region	6759	2617	9089
西部地区	Western Region	4961	2181	9353
东北地区	Northeaastern Region	1209	721	2984
北京	Beijing	2127	1128	4639
天津	Tianjin	760	390	1696
河北	Hebei	484	228	870
山西	Shanxi	61	44	293
内蒙古	Inner Mongolia	53	24	118
辽宁	Liaoning	912	520	2233
吉林	Jilin	143	81	418
黑龙江	Heilongjiang	154	120	333
上海	Shanghai	1591	771	3696
江苏	Jiangsu	9262	3867	11271
浙江	Zhejiang	4556	1681	5100
安徽	Anhui	1562	881	2740
福建	Fujian	1827	724	2449
江西	Jiangxi	1302	320	876
山东	Shandong	1761	918	2838
河南	Henan	1462	361	1771
湖北	Hubei	999	523	1561
湖南	Hunan	1373	488	1848
广东	Guangdong	21547	9564	19215
广西	Guangxi	338	139	238
海南	Hainan	60	32	322
重庆	Chongqing	1165	395	1187
四川	Sichuan	1557	760	4128
贵州	Guizhou	805	423	958
云南	Yunnan	125	53	243
西藏	Tibet	5	3	66
陕西	Shaanxi	632	289	2102
甘肃	Gansu	88	19	126
青海	Qinghai	72	26	81
宁夏	Ningxia	69	24	63
新疆	Xinjiang	52	26	43

2-5-3 各地区国有及国有控股企业高技术产业专利情况(2018年)
Statistics on Patents in High-tech Industry of State-owned and State-controlled Enterprises by Region (2018)

单位：件 (piece)

地 区	Region	专利申请数 Patent Applications	#发明专利 Invention Patents	有效发明专利数 Number of Patents In Force
全 国	**Total**	**46685**	**31451**	**98619**
东部地区	Eastern Region	28356	20077	69872
中部地区	Middle Region	9059	5997	14135
西部地区	Western Region	8413	4890	12398
东北地区	Northeaastern Region	857	487	2214
北 京	Beijing	2560	1849	9057
天 津	Tianjin	986	402	1964
河 北	Hebei	154	109	648
山 西	Shanxi	84	57	219
内蒙古	Inner Mongolia	203	120	209
辽 宁	Liaoning	715	405	1753
吉 林	Jilin	97	54	252
黑龙江	Heilongjiang	45	28	209
上 海	Shanghai	2412	1889	6468
江 苏	Jiangsu	2907	1748	4207
浙 江	Zhejiang	2457	1438	1423
安 徽	Anhui	1430	880	1837
福 建	Fujian	1336	1089	2497
江 西	Jiangxi	679	363	1460
山 东	Shandong	11001	8395	6139
河 南	Henan	1037	261	1579
湖 北	Hubei	4338	3531	5769
湖 南	Hunan	1491	905	3271
广 东	Guangdong	4519	3149	37432
广 西	Guangxi	20	6	86
海 南	Hainan	24	9	37
重 庆	Chongqing	298	146	831
四 川	Sichuan	4883	2838	5202
贵 州	Guizhou	1098	669	1570
云 南	Yunnan	102	36	221
西 藏	Tibet	1	1	20
陕 西	Shaanxi	1672	1002	4093
甘 肃	Gansu	72	45	98
青 海	Qinghai	16	4	17
宁 夏	Ningxia			
新 疆	Xinjiang	48	23	51

2-5-4 按地区和登记注册类型分高技术产业专利情况(2018年)
Statistics on Patents in High-tech Industry by Region and Registration Status(2018)

单位：件 (piece)

地 区	Region	内资企业 Domestic Funded		
		专利申请数 Patent Applications	#发明专利 Invention Patents	有效发明专利数 Number of Patents In Force
全 国	**Total**	**218146**	**114578**	**348416**
东部地区	Eastern Region	163908	88299	279262
中部地区	Middle Region	31577	14554	35027
西部地区	Western Region	19558	9932	28259
东北地区	Northeaastern Region	3103	1793	5868
北 京	Beijing	5295	3219	14086
天 津	Tianjin	1980	829	4985
河 北	Hebei	1464	608	2659
山 西	Shanxi	324	163	988
内 蒙 古	Inner Mongolia	273	152	376
辽 宁	Liaoning	2078	1165	3880
吉 林	Jilin	623	406	1268
黑 龙 江	Heilongjiang	402	222	720
上 海	Shanghai	5317	3307	10486
江 苏	Jiangsu	25550	10309	27188
浙 江	Zhejiang	13670	4990	11481
安 徽	Anhui	8761	4056	9003
福 建	Fujian	6537	2879	5961
江 西	Jiangxi	5519	1558	3888
山 东	Shandong	16767	11401	17884
河 南	Henan	4687	1357	5052
湖 北	Hubei	7078	4797	8912
湖 南	Hunan	5208	2623	7184
广 东	Guangdong	87214	50679	184050
广 西	Guangxi	634	287	808
海 南	Hainan	114	78	482
重 庆	Chongqing	3346	1522	3769
四 川	Sichuan	9300	4984	12061
贵 州	Guizhou	1802	990	2627
云 南	Yunnan	646	195	1121
西 藏	Tibet	5	3	67
陕 西	Shaanxi	2676	1414	6191
甘 肃	Gansu	344	157	479
青 海	Qinghai	199	68	162
宁 夏	Ningxia	176	83	266
新 疆	Xinjiang	157	77	332

2-5-4 续表 1 continued

单位：件 (piece)

地 区	Region	#国有企业 State-owned Enterprises 专利申请数 Patent Applications	#发明专利 Invention Patents	有效发明专利数 Number of Patents In Force
全 国	**Total**	**1081**	**583**	**2231**
东部地区	Eastern Region	360	184	948
中部地区	Middle Region	170	102	291
西部地区	Western Region	519	285	924
东北地区	Northeaastern Region	32	12	68
北 京	Beijing	130	121	619
天 津	Tianjin	20	10	60
河 北	Hebei	23	7	37
山 西	Shanxi	22	21	24
内 蒙 古	Inner Mongolia	44	42	62
辽 宁	Liaoning	23	4	51
吉 林	Jilin			
黑 龙 江	Heilongjiang	9	8	17
上 海	Shanghai	17	7	8
江 苏	Jiangsu	6	6	36
浙 江	Zhejiang	12	7	14
安 徽	Anhui	6	6	22
福 建	Fujian			
江 西	Jiangxi	95	51	53
山 东	Shandong	127	14	168
河 南	Henan			
湖 北	Hubei	18	9	74
湖 南	Hunan	29	15	118
广 东	Guangdong	11	11	4
广 西	Guangxi			3
海 南	Hainan	14	1	2
重 庆	Chongqing	21	7	16
四 川	Sichuan			
贵 州	Guizhou	72	35	40
云 南	Yunnan	31	18	20
西 藏	Tibet			
陕 西	Shaanxi	345	183	766
甘 肃	Gansu			
青 海	Qinghai	6		17
宁 夏	Ningxia			
新 疆	Xinjiang			

2-5-4 续表 2 continued

单位：件 (piece)

地 区	Region	港澳台投资企业 Enterprises with Funds from Hong Kong, Macau and Taiwan		
		专利申请数 Patent Applications	#发明专利 Invention Patents	有效发明专利数 Number of Patents In Force
全 国	**Total**	**26090**	**13248**	**40232**
东部地区	Eastern Region	24093	12390	37233
中部地区	Middle Region	1436	481	1152
西部地区	Western Region	380	250	1182
东北地区	Northeaastern Region	181	127	665
北 京	Beijing	1998	1516	8994
天 津	Tianjin	86	30	190
河 北	Hebei	37	33	503
山 西	Shanxi			9
内蒙古	Inner Mongolia			14
辽 宁	Liaoning	171	124	645
吉 林	Jilin	10	3	9
黑龙江	Heilongjiang			11
上 海	Shanghai	1031	641	2065
江 苏	Jiangsu	3708	1808	6437
浙 江	Zhejiang	3886	2347	5182
安 徽	Anhui	342	169	150
福 建	Fujian	1233	517	1221
江 西	Jiangxi	197	20	46
山 东	Shandong	363	219	441
河 南	Henan	161	27	49
湖 北	Hubei	230	69	571
湖 南	Hunan	506	196	327
广 东	Guangdong	11742	5270	12129
广 西	Guangxi	110	101	38
海 南	Hainan	9	9	71
重 庆	Chongqing	85	53	83
四 川	Sichuan	97	63	916
贵 州	Guizhou			5
云 南	Yunnan	46	14	55
西 藏	Tibet			
陕 西	Shaanxi	42	19	71
甘 肃	Gansu			
青 海	Qinghai			
宁 夏	Ningxia			
新 疆	Xinjiang			

2-5-4 续表 3 continued

单位：件 (piece)

地 区	Region	外商投资企业 Foreign Funded Enterprises 专利申请数 Patent Applications	#发明专利 Invention Patents	有效发明专利数 Number of Patents In Force
全 国	**Total**	**20500**	**9807**	**36489**
东部地区	Eastern Region	17996	8753	33595
中部地区	Middle Region	725	369	1171
西部地区	Western Region	1490	450	1100
东北地区	Northeaastern Region	289	235	623
北 京	Beijing	503	278	1673
天 津	Tianjin	393	210	1329
河 北	Hebei	132	78	211
山 西	Shanxi	1		15
内 蒙 古	Inner Mongolia			
辽 宁	Liaoning	268	221	418
吉 林	Jilin	5	5	14
黑 龙 江	Heilongjiang	16	9	191
上 海	Shanghai	1843	1188	3653
江 苏	Jiangsu	5751	2378	10334
浙 江	Zhejiang	1477	615	2340
安 徽	Anhui	96	51	110
福 建	Fujian	730	398	2432
江 西	Jiangxi	285	127	375
山 东	Shandong	582	341	1661
河 南	Henan	61	22	59
湖 北	Hubei	231	157	577
湖 南	Hunan	51	12	35
广 东	Guangdong	6585	3267	9955
广 西	Guangxi	14	2	11
海 南	Hainan			7
重 庆	Chongqing	1186	352	327
四 川	Sichuan	173	47	226
贵 州	Guizhou	9	4	77
云 南	Yunnan	12	2	6
西 藏	Tibet			
陕 西	Shaanxi	48	36	361
甘 肃	Gansu			
青 海	Qinghai	20	2	1
宁 夏	Ningxia	7	2	2
新 疆	Xinjiang	21	3	89

2-5-5 按地区和行业分高技术产业专利情况(2018年)

Statistics on Patents in High-tech Industry by Region and Industrial Sector(2018)

单位：件 (piece)

地　区	Region	医药制造业 Medical and Pharmaceutical Products Manufacturing		
		专利申请数 Patent Applications	#发明专利 Invention Patents	有效发明专利数 Number of Patents In Force
全　国	**Total**	**21698**	**11494**	**45766**
东部地区	Eastern Region	11851	6604	28545
中部地区	Middle Region	5926	2683	7359
西部地区	Western Region	3179	1674	7720
东北地区	Northeaastern Region	742	533	2142
北　京	Beijing	559	417	2449
天　津	Tianjin	411	198	2486
河　北	Hebei	420	245	1595
山　西	Shanxi	106	64	345
内蒙古	Inner Mongolia	82	30	185
辽　宁	Liaoning	211	154	654
吉　林	Jilin	295	226	831
黑龙江	Heilongjiang	236	153	657
上　海	Shanghai	592	277	1684
江　苏	Jiangsu	3515	1840	5469
浙　江	Zhejiang	1442	701	3288
安　徽	Anhui	1515	720	1914
福　建	Fujian	480	210	782
江　西	Jiangxi	1284	323	1200
山　东	Shandong	2146	1289	5780
河　南	Henan	1154	532	1179
湖　北	Hubei	912	509	1403
湖　南	Hunan	955	535	1318
广　东	Guangdong	2180	1344	4457
广　西	Guangxi	124	62	482
海　南	Hainan	106	83	555
重　庆	Chongqing	307	198	937
四　川	Sichuan	1349	771	3070
贵　州	Guizhou	314	172	825
云　南	Yunnan	410	162	924
西　藏	Tibet	5	3	67
陕　西	Shaanxi	261	141	663
甘　肃	Gansu	169	58	208
青　海	Qinghai	46	11	105
宁　夏	Ningxia	43	35	146
新　疆	Xinjiang	69	31	108

2-5-5 续表 1 continued

单位：件 (piece)

地 区	Region	电子及通信设备制造业 Manufacture of Electronic Equipment and Communication Equipment 专利申请数 Patent Applications	#发明专利 Invention Patents	有效发明专利数 Number of Patents In Force
全 国	**Total**	**175923**	**94982**	**295182**
东部地区	Eastern Region	143404	78701	260861
中部地区	Middle Region	19710	9680	19532
西部地区	Western Region	11505	5755	13016
东北地区	Northeaastern Region	1304	846	1773
北 京	Beijing	3253	2132	10325
天 津	Tianjin	1071	383	1817
河 北	Hebei	656	274	967
山 西	Shanxi	100	55	342
内 蒙 古	Inner Mongolia	134	76	141
辽 宁	Liaoning	1057	706	1464
吉 林	Jilin	185	95	248
黑 龙 江	Heilongjiang	62	45	61
上 海	Shanghai	5151	3402	10533
江 苏	Jiangsu	19830	8337	24694
浙 江	Zhejiang	12466	5525	11782
安 徽	Anhui	6075	2780	5084
福 建	Fujian	6359	2905	6199
江 西	Jiangxi	3526	918	1576
山 东	Shandong	5242	3293	10209
河 南	Henan	1588	448	1531
湖 北	Hubei	5241	3872	6806
湖 南	Hunan	3180	1607	4193
广 东	Guangdong	89362	52449	184333
广 西	Guangxi	401	190	221
海 南	Hainan	14	1	2
重 庆	Chongqing	2861	1330	1653
四 川	Sichuan	6142	3305	7763
贵 州	Guizhou	588	263	637
云 南	Yunnan	102	9	100
西 藏	Tibet			
陕 西	Shaanxi	907	430	2121
甘 肃	Gansu	121	68	186
青 海	Qinghai	170	56	56
宁 夏	Ningxia	48	22	31
新 疆	Xinjiang	31	6	107

2-5-5 续表 2 continued

单位：件 (piece)

地区	Region	计算机及办公设备制造业 Manufacture of Computer and Office Equipments		
		专利申请数 Patent Applications	#发明专利 Invention Patents	有效发明专利数 Number of Patents In Force
全 国	**Total**	**22084**	**12678**	**25348**
东部地区	Eastern Region	19674	11657	22262
中部地区	Middle Region	1264	552	1956
西部地区	Western Region	1084	455	858
东北地区	Northeaastern Region	62	14	272
北 京	Beijing	1709	1325	7459
天 津	Tianjin	354	233	854
河 北	Hebei	28	5	44
山 西	Shanxi	3	1	19
内 蒙 古	Inner Mongolia	8	3	2
辽 宁	Liaoning	47	14	220
吉 林	Jilin	2		50
黑 龙 江	Heilongjiang	13		2
上 海	Shanghai	277	211	521
江 苏	Jiangsu	2050	823	2634
浙 江	Zhejiang	693	183	354
安 徽	Anhui	691	397	1166
福 建	Fujian	907	454	1789
江 西	Jiangxi	90	9	17
山 东	Shandong	8269	6505	1544
河 南	Henan	151	32	102
湖 北	Hubei	174	46	260
湖 南	Hunan	155	67	392
广 东	Guangdong	5387	1918	7063
广 西	Guangxi	83	73	2
海 南	Hainan			
重 庆	Chongqing	525	126	349
四 川	Sichuan	423	242	465
贵 州	Guizhou	12	2	24
云 南	Yunnan	19		9
西 藏	Tibet			
陕 西	Shaanxi	14	9	7
甘 肃	Gansu			
青 海	Qinghai			
宁 夏	Ningxia			
新 疆	Xinjiang			

2-5-5 续表 3 continued

单位：件 (piece)

地　区	Region	医疗仪器设备及仪器仪表制造业 Manufacture of Medical Equipments and Measuring Instrument 专利申请数 Patent Applications	#发明专利 Invention Patents	有效发明专利数 Number of Patents In Force
全　国	**Total**	**36172**	**13619**	**44272**
东部地区	Eastern Region	28250	10799	34233
中部地区	Middle Region	4583	1467	4833
西部地区	Western Region	2589	997	3627
东北地区	Northeaastern Region	750	356	1579
北　京	Beijing	1665	680	3067
天　津	Tianjin	418	172	982
河　北	Hebei	393	98	344
山　西	Shanxi	73	21	204
内蒙古	Inner Mongolia	5	1	
辽　宁	Liaoning	578	289	1295
吉　林	Jilin	92	43	141
黑龙江	Heilongjiang	80	24	143
上　海	Shanghai	1763	976	2687
江　苏	Jiangsu	8846	3093	10633
浙　江	Zhejiang	4360	1520	3460
安　徽	Anhui	830	334	1089
福　建	Fujian	716	209	830
江　西	Jiangxi	554	149	236
山　东	Shandong	1691	599	2158
河　南	Henan	1363	304	1266
湖　北	Hubei	633	247	946
湖　南	Hunan	1130	412	1092
广　东	Guangdong	8398	3452	10072
广　西	Guangxi	150	65	152
海　南	Hainan			
重　庆	Chongqing	909	270	1175
四　川	Sichuan	814	361	1087
贵　州	Guizhou	42	12	34
云　南	Yunnan	153	37	148
西　藏	Tibet			
陕　西	Shaanxi	424	218	911
甘　肃	Gansu	14	6	36
青　海	Qinghai	3	3	2
宁　夏	Ningxia	75	24	66
新　疆	Xinjiang			16

2-5-5 续表 4 continued

单位：件 (piece)

地 区	Region	信息化学品制造业 Manufacture of Electronic Chemicals		
		专利申请数 Patent Applications	#发明专利 Invention Patents	有效发明专利数 Number of Patents In Force
全 国	**Total**	**1515**	**917**	**1753**
东部地区	Eastern Region	1186	764	1193
中部地区	Middle Region	163	76	229
西部地区	Western Region	148	76	304
东北地区	Northeaastern Region	18	1	27
北 京	Beijing	39	39	84
天 津	Tianjin			
河 北	Hebei	109	87	369
山 西	Shanxi			
内蒙古	Inner Mongolia			
辽 宁	Liaoning	12	1	25
吉 林	Jilin			
黑龙江	Heilongjiang	6		2
上 海	Shanghai	6	2	2
江 苏	Jiangsu	528	320	286
浙 江	Zhejiang	24	16	97
安 徽	Anhui	14	10	8
福 建	Fujian	38	16	14
江 西	Jiangxi	20	4	2
山 东	Shandong	333	266	229
河 南	Henan	36	18	122
湖 北	Hubei	62	33	60
湖 南	Hunan	31	11	37
广 东	Guangdong	109	18	112
广 西	Guangxi			
海 南	Hainan			
重 庆	Chongqing	6		
四 川	Sichuan	10	2	8
贵 州	Guizhou			
云 南	Yunnan	12	2	
西 藏	Tibet			
陕 西	Shaanxi	25	25	81
甘 肃	Gansu			
青 海	Qinghai			
宁 夏	Ningxia	17	4	25
新 疆	Xinjiang	78	43	190

2-6-1 各地区高技术产业技术获取和技术改造情况(2018年)
Technology Acquisition and Renovation in High-tech Industry by Region (2018)

单位：万元 (10000 yuan)

地 区	Region	引进技术经费支出 Expenditure for Acquisition of Foreign Technology	消化吸收经费支出 Expenditure for Assimilation of Technology	购买境内技术经费支出 Expenditure for Purchase of Domestic Technology	技术改造经费支出 Expenditure for Technical Renovation
全 国	**Total**	**1396130**	**118475**	**2394346**	**5565951**
东部地区	Eastern Region	1319186	107891	2185426	4145565
中部地区	Middle Region	42542	9762	127197	626215
西部地区	Western Region	34111	765	66449	614565
东北地区	Northeaastern Region	291	57	15273	179606
北 京	Beijing	53926		144375	8778
天 津	Tianjin	30156		2083	13116
河 北	Hebei	4289	3762	9452	42652
山 西	Shanxi	1076		1544	16296
内 蒙 古	Inner Mongolia			20	4400
辽 宁	Liaoning	140	57	10411	163114
吉 林	Jilin			3369	10683
黑 龙 江	Heilongjiang	152		1493	5809
上 海	Shanghai	107435	34774	91794	46715
江 苏	Jiangsu	52011	27845	51281	751304
浙 江	Zhejiang	5508	9489	44026	335842
安 徽	Anhui	2785	83	73305	272536
福 建	Fujian	82336	10578	78928	627210
江 西	Jiangxi	283		4533	57758
山 东	Shandong	14746	13335	338914	406693
河 南	Henan	10	113	8510	50506
湖 北	Hubei	19944	1126	6021	78601
湖 南	Hunan	18444	8440	33285	150518
广 东	Guangdong	968779	8108	1422489	1904253
广 西	Guangxi	41	127	11	3884
海 南	Hainan			2084	9001
重 庆	Chongqing	9615	503	7704	43096
四 川	Sichuan	14691	125	34905	331741
贵 州	Guizhou		9	3778	75207
云 南	Yunnan	1763		2281	16840
西 藏	Tibet				
陕 西	Shaanxi	7845	3	10498	124860
甘 肃	Gansu	156		6452	5015
青 海	Qinghai				1872
宁 夏	Ningxia				6306
新 疆	Xinjiang			801	1344

2-6-2 按地区和企业规模分高技术产业技术获取和技术改造情况(2018年)
Technology Acquisition and Renovation in High-tech Industry by Region and Scale of Enterprises(2018)

单位：万元 (10000 yuan)

地区	Region	大型企业 Large-sized Enterprises			
		引进技术经费支出 Expenditure for Acquisition of Foreign Technology	消化吸收经费支出 Expenditure for Assimilation of Technology	购买境内技术经费支出 Expenditure for Purchase of Domestic Technology	技术改造经费支出 Expenditure for Technical Renovation
全　国	**Total**	**1257389**	**73160**	**2002257**	**3571857**
东部地区	Eastern Region	1212390	71502	1905209	2894629
中部地区	Middle Region	35284	1126	57349	318356
西部地区	Western Region	9564	532	37375	338665
东北地区	Northeaastern Region	152		2325	20207
北　京	Beijing	5598		12536	2448
天　津	Tianjin	30141			6589
河　北	Hebei	3987	3762	7190	31653
山　西	Shanxi			130	1825
内蒙古	Inner Mongolia				2021
辽　宁	Liaoning			1280	12843
吉　林	Jilin				4280
黑龙江	Heilongjiang	152		1045	3085
上　海	Shanghai	103503	8451	90984	7884
江　苏	Jiangsu	36687	21543	12077	525784
浙　江	Zhejiang	3195	8783	25706	170845
安　徽	Anhui			16207	194860
福　建	Fujian	71336	7751	75762	441520
江　西	Jiangxi			576	21632
山　东	Shandong	11033	13285	299074	372576
河　南	Henan			5711	24950
湖　北	Hubei	19944	1126	3748	37107
湖　南	Hunan	15339		30977	37981
广　东	Guangdong	946911	7928	1381880	1335331
广　西	Guangxi		23		313
海　南	Hainan				
重　庆	Chongqing	4221	500	2779	19312
四　川	Sichuan	582		12817	150664
贵　州	Guizhou		9	3625	51456
云　南	Yunnan	1763		2206	1042
西　藏	Tibet				
陕　西	Shaanxi	2841		9521	108621
甘　肃	Gansu	156		6427	
青　海	Qinghai				1465
宁　夏	Ningxia				3771
新　疆	Xinjiang				

2-6-2 续表 continued

单位：万元 (10000 yuan)

地 区	Region	中型企业 Medium-sized Enterprises			
		引进技术经费支出 Expenditure for Acquisition of Foreign Technology	消化吸收经费支出 Expenditure for Assimilation of Technology	购买境内技术经费支出 Expenditure for Purchase of Domestic Technology	技术改造经费支出 Expenditure for Technical Renovation
全 国	**Total**	**105137**	**29979**	**325097**	**1280544**
东部地区	Eastern Region	91447	29552	241594	871529
中部地区	Middle Region	3680	196	57793	173484
西部地区	Western Region	10011	231	14636	83387
东北地区	Northeaastern Region			11074	152144
北 京	Beijing	45910		129928	2152
天 津	Tianjin	15		850	5485
河 北	Hebei			1076	8037
山 西	Shanxi	1076		1240	14124
内 蒙 古	Inner Mongolia			20	966
辽 宁	Liaoning			7715	148113
吉 林	Jilin			3359	2141
黑 龙 江	Heilongjiang				1891
上 海	Shanghai	3932	26036	811	32473
江 苏	Jiangsu	11253	3334	28448	145928
浙 江	Zhejiang	1941	3	13688	124025
安 徽	Anhui	2524	83	54194	50627
福 建	Fujian	8794		2309	167477
江 西	Jiangxi	70		4	11582
山 东	Shandong	3238		35054	17621
河 南	Henan	10	113	686	9153
湖 北	Hubei			1609	27096
湖 南	Hunan			60	60902
广 东	Guangdong	16365	180	27390	366121
广 西	Guangxi	41	104		1664
海 南	Hainan			2041	2211
重 庆	Chongqing	3632	3	4428	12408
四 川	Sichuan	6338	125	9360	31273
贵 州	Guizhou			126	20807
云 南	Yunnan				1013
西 藏	Tibet				
陕 西	Shaanxi			269	12130
甘 肃	Gansu			16	1724
青 海	Qinghai				402
宁 夏	Ningxia				128
新 疆	Xinjiang			417	871

2-6-3 各地区国有及国有控股企业高技术产业技术获取和技术改造情况(2018年)

Technology Acquisition and Renovation in High-tech Industry of State-owned and State-controlled Enterprises by Region (2018)

单位：万元 (10000 yuan)

地 区	Region	引进技术经费支出 Expenditure for Acquisition of Foreign Technology	消化吸收经费支出 Expenditure for Assimilation of Technology	购买境内技术经费支出 Expenditure for Purchase of Domestic Technology	技术改造经费支出 Expenditure for Technical Renovation
全 国	**Total**	**193053**	**31326**	**691292**	**1544838**
东部地区	Eastern Region	173804	22835	543658	791565
中部地区	Middle Region	4227	7959	95846	130220
西部地区	Western Region	14871	532	42058	462060
东北地区	Northeaastern Region	152		9730	160993
北 京	Beijing	3695		130244	2309
天 津	Tianjin			752	11270
河 北	Hebei	864	338	3481	11131
山 西	Shanxi	1076		130	40
内蒙古	Inner Mongolia			20	966
辽 宁	Liaoning			8995	159848
吉 林	Jilin				
黑龙江	Heilongjiang	152		735	1145
上 海	Shanghai	103457	8451	91794	36722
江 苏	Jiangsu	1200	1351	271	108004
浙 江	Zhejiang	2540	7128	9508	12989
安 徽	Anhui	83	83	51309	42959
福 建	Fujian	43159		46354	291914
江 西	Jiangxi			3298	18943
山 东	Shandong	9276	5528	257351	180779
河 南	Henan			6996	19062
湖 北	Hubei	2994		1442	34180
湖 南	Hunan	74	7876	32671	15036
广 东	Guangdong	9612	40	3903	136448
广 西	Guangxi		23		121
海 南	Hainan				
重 庆	Chongqing	2250	500	4248	15905
四 川	Sichuan	9623		20638	265543
贵 州	Guizhou		9	1196	61129
云 南	Yunnan				1084
西 藏	Tibet				
陕 西	Shaanxi	2841		9530	113335
甘 肃	Gansu	156		6427	3038
青 海	Qinghai				402
宁 夏	Ningxia				
新 疆	Xinjiang				538

2-6-4 按地区和登记注册类型分高技术产业技术获取和技术改造情况(2018年)

Technology Acquisition and Renovation in High-tech Industry by Region and Registration Status(2018)

单位：万元 (10000 yuan)

地区	Region	内资企业 Domestic Funded			
		引进技术经费支出 Expenditure for Acquisition of Foreign Technology	消化吸收经费支出 Expenditure for Assimilation of Technology	购买境内技术经费支出 Expenditure for Purchase of Domestic Technology	技术改造经费支出 Expenditure for Technical Renovation
全 国	**Total**	**1189361**	**72328**	**2296690**	**4040866**
东部地区	Eastern Region	1148899	61904	2094374	2840768
中部地区	Middle Region	10124	9762	124515	419784
西部地区	Western Region	30338	662	65429	603258
东北地区	Northeaastern Region			12372	177055
北 京	Beijing	5427		144375	5824
天 津	Tianjin			2036	13075
河 北	Hebei	864	338	5671	19812
山 西	Shanxi	1076		304	387
内 蒙 古	Inner Mongolia			20	1588
辽 宁	Liaoning			9095	161506
吉 林	Jilin			2519	10505
黑 龙 江	Heilongjiang			758	5044
上 海	Shanghai	103457	8451	91794	11600
江 苏	Jiangsu	12002	15611	46411	538806
浙 江	Zhejiang	5293	8786	37771	247529
安 徽	Anhui	567	83	71949	99943
福 建	Fujian	68897	7350	61153	334881
江 西	Jiangxi	283		4531	47607
山 东	Shandong	11500	13335	309607	356643
河 南	Henan	10	113	8425	48222
湖 北	Hubei	5009	1126	6021	76658
湖 南	Hunan	3179	8440	33285	146968
广 东	Guangdong	941459	8034	1393473	1303597
广 西	Guangxi		23		2591
海 南	Hainan			2084	9001
重 庆	Chongqing	5883	503	7704	42394
四 川	Sichuan	14691	125	34905	329833
贵 州	Guizhou		9	3778	75207
云 南	Yunnan	1763		1273	15819
西 藏	Tibet				
陕 西	Shaanxi	7845	3	10498	121290
甘 肃	Gansu	156		6452	5015
青 海	Qinghai				1872
宁 夏	Ningxia				6306
新 疆	Xinjiang			801	1344

2-6-4 续表 1 continued

单位：万元 (10000 yuan)

地区	Region	#国有企业 State-owned Enterprises			
		引进技术经费支出 Expenditure for Acquisition of Foreign Technology	消化吸收经费支出 Expenditure for Assimilation of Technology	购买境内技术经费支出 Expenditure for Purchase of Domestic Technology	技术改造经费支出 Expenditure for Technical Renovation
全 国	**Total**	**1076**		**1280**	**8884**
东部地区	Eastern Region				2289
中部地区	Middle Region	1076			
西部地区	Western Region				6595
东北地区	Northeaastern Region			1280	
北 京	Beijing				753
天 津	Tianjin				
河 北	Hebei				
山 西	Shanxi	1076			
内蒙古	Inner Mongolia				
辽 宁	Liaoning			1280	
吉 林	Jilin				
黑龙江	Heilongjiang				
上 海	Shanghai				
江 苏	Jiangsu				
浙 江	Zhejiang				
安 徽	Anhui				
福 建	Fujian				
江 西	Jiangxi				
山 东	Shandong				1169
河 南	Henan				
湖 北	Hubei				
湖 南	Hunan				
广 东	Guangdong				367
广 西	Guangxi				15
海 南	Hainan				
重 庆	Chongqing				
四 川	Sichuan				
贵 州	Guizhou				558
云 南	Yunnan				172
西 藏	Tibet				
陕 西	Shaanxi				5851
甘 肃	Gansu				
青 海	Qinghai				
宁 夏	Ningxia				
新 疆	Xinjiang				

2-6-4 续表 2 continued

单位：万元 (10000 yuan)

地区	Region	港澳台投资企业 Enterprises with Funds from Hong Kong, Macau and Taiwan			
		引进技术经费支出 Expenditure for Acquisition of Foreign Technology	消化吸收经费支出 Expenditure for Assimilation of Technology	购买境内技术经费支出 Expenditure for Purchase of Domestic Technology	技术改造经费支出 Expenditure for Technical Renovation
全　国	**Total**	**63236**	**3871**	**71823**	**981414**
东部地区	Eastern Region	42126	3871	66109	777973
中部地区	Middle Region	17378		2597	196785
西部地区	Western Region	3733		1019	5505
东北地区	Northeaastern Region			2097	1151
北　京	Beijing	458			323
天　津	Tianjin				
河　北	Hebei	3426	3424	3781	3327
山　西	Shanxi			1240	15909
内蒙古	Inner Mongolia				2812
辽　宁	Liaoning			1247	974
吉　林	Jilin			850	177
黑龙江	Heilongjiang				
上　海	Shanghai	960			29671
江　苏	Jiangsu	4649		506	124044
浙　江	Zhejiang			30	8072
安　徽	Anhui	2112		1356	172574
福　建	Fujian	12210	401	17712	265275
江　西	Jiangxi			2	3522
山　东	Shandong	2965		29119	9485
河　南	Henan				1579
湖　北	Hubei				385
湖　南	Hunan	15265			2815
广　东	Guangdong	17460	45	14963	337777
广　西	Guangxi			11	1293
海　南	Hainan				
重　庆	Chongqing	3733			357
四　川	Sichuan				34
贵　州	Guizhou				
云　南	Yunnan			1008	1008
西　藏	Tibet				
陕　西	Shaanxi				
甘　肃	Gansu				
青　海	Qinghai				
宁　夏	Ningxia				
新　疆	Xinjiang				

2-6-4 续表 3 continued

单位：万元 (10000 yuan)

地 区	Region	外商投资企业 Foreign Funded Enterprises			
		引进技术经费支出 Expenditure for Acquisition of Foreign Technology	消化吸收经费支出 Expenditure for Assimilation of Technology	购买境内技术经费支出 Expenditure for Purchase of Domestic Technology	技术改造经费支出 Expenditure for Technical Renovation
全 国	**Total**	**143533**	**42277**	**25833**	**543671**
东部地区	Eastern Region	128161	42116	24943	526824
中部地区	Middle Region	15041		85	9646
西部地区	Western Region	41	104	1	5802
东北地区	Northeaastern Region	291	57	804	1400
北 京	Beijing	48042			2631
天 津	Tianjin	30156		47	41
河 北	Hebei				19513
山 西	Shanxi				
内 蒙 古	Inner Mongolia				
辽 宁	Liaoning	140	57	69	634
吉 林	Jilin				
黑 龙 江	Heilongjiang	152		735	765
上 海	Shanghai	3018	26323		5445
江 苏	Jiangsu	35361	12234	4363	88454
浙 江	Zhejiang	214	703	6226	80241
安 徽	Anhui	106			20
福 建	Fujian	1229	2827	64	27055
江 西	Jiangxi				6629
山 东	Shandong	281		189	40566
河 南	Henan			85	705
湖 北	Hubei	14935			1558
湖 南	Hunan				735
广 东	Guangdong	9860	29	14054	262880
广 西	Guangxi	41	104		
海 南	Hainan				
重 庆	Chongqing				345
四 川	Sichuan			1	1874
贵 州	Guizhou				
云 南	Yunnan				12
西 藏	Tibet				
陕 西	Shaanxi				3570
甘 肃	Gansu				
青 海	Qinghai				
宁 夏	Ningxia				
新 疆	Xinjiang				

2-6-5 按地区和行业分高技术产业技术获取和技术改造情况(2018年)

Technology Acquisition and Renovation in High-tech Industry by Region and Industrial Sector(2018)

单位：万元 (10000 yuan)

地区	Region	医药制造业 Medical and Pharmaceutical Products Manufacturing			
		引进技术经费支出 Expenditure for Acquisition of Foreign Technology	消化吸收经费支出 Expenditure for Assimilation of Technology	购买境内技术经费支出 Expenditure for Purchase of Domestic Technology	技术改造经费支出 Expenditure for Technical Renovation
全国	**Total**	**43524**	**36162**	**249729**	**896511**
东部地区	Eastern Region	32699	33770	189741	597683
中部地区	Middle Region	2222	1581	26214	184107
西部地区	Western Region	8312	754	27805	88667
东北地区	Northeaastern Region	291	57	5969	26054
北京	Beijing	7787		26225	5022
天津	Tianjin			1283	8561
河北	Hebei	3987	3762	7538	33918
山西	Shanxi			1544	14496
内蒙古	Inner Mongolia				3434
辽宁	Liaoning	140	57	1416	15758
吉林	Jilin			3369	8191
黑龙江	Heilongjiang	152		1183	2105
上海	Shanghai	3615	8451	3379	7139
江苏	Jiangsu	6403	6583	22601	123726
浙江	Zhejiang	3996	7128	24735	108767
安徽	Anhui			8005	34548
福建	Fujian	112		1793	12089
江西	Jiangxi	196		873	21613
山东	Shandong	6798	7807	81821	212408
河南	Henan	10	113	6269	6917
湖北	Hubei	2015	1126	4603	22736
湖南	Hunan		342	4920	83798
广东	Guangdong		40	18283	77052
广西	Guangxi	41	127		1750
海南	Hainan			2084	9001
重庆	Chongqing	4013	500	7585	25507
四川	Sichuan	2337	125	7407	26263
贵州	Guizhou			2555	14340
云南	Yunnan	1763		2281	3375
西藏	Tibet				
陕西	Shaanxi	3	3	725	4765
甘肃	Gansu	156		6452	1852
青海	Qinghai				
宁夏	Ningxia				6165
新疆	Xinjiang			801	1217

2-6-5 续表 1 continued

单位：万元 (10000 yuan)

地区	Region	电子及通信设备制造业 Manufacture of Electronic Equipment and Communication Equipment 引进技术经费支出 Expenditure for Acquisition of Foreign Technology	消化吸收经费支出 Expenditure for Assimilation of Technology	购买境内技术经费支出 Expenditure for Purchase of Domestic Technology	技术改造经费支出 Expenditure for Technical Renovation
全　国	**Total**	**1160178**	**66393**	**1817035**	**3448842**
东部地区	Eastern Region	1117680	66163	1763200	3042639
中部地区	Middle Region	40147	221	42094	216292
西部地区	Western Region	2351	9	11741	187204
东北地区	Northeaastern Region				2708
北　京	Beijing	1463		49	1020
天　津	Tianjin	30141		37	1224
河　北	Hebei			46	6576
山　西	Shanxi	1076			1785
内蒙古	Inner Mongolia			20	966
辽　宁	Liaoning				216
吉　林	Jilin				2492
黑龙江	Heilongjiang				
上　海	Shanghai	3872	26323	1747	35767
江　苏	Jiangsu	36914	13345	24303	496918
浙　江	Zhejiang	1390	2361	14283	163161
安　徽	Anhui	2702		15663	74792
福　建	Fujian	80994	10578	76945	599311
江　西	Jiangxi	70		49	22839
山　东	Shandong	7686	5528	256858	30438
河　南	Henan			1643	27908
湖　北	Hubei	17929		1418	39840
湖　南	Hunan	18370	221	23320	49127
广　东	Guangdong	955219	8028	1388933	1708224
广　西	Guangxi			11	643
海　南	Hainan				
重　庆	Chongqing	1762		45	7193
四　川	Sichuan	582		3510	145083
贵　州	Guizhou		9	1039	4734
云　南	Yunnan				12133
西　藏	Tibet				
陕　西	Shaanxi	7		7116	14364
甘　肃	Gansu				115
青　海	Qinghai				1872
宁　夏	Ningxia				
新　疆	Xinjiang				101

2-6-5 续表 2 continued

单位：万元 (10000 yuan)

地区	Region	计算机及办公设备制造业 Manufacture of Computer and Office Equipments			
		引进技术经费支出 Expenditure for Acquisition of Foreign Technology	消化吸收经费支出 Expenditure for Assimilation of Technology	购买境内技术经费支出 Expenditure for Purchase of Domestic Technology	技术改造经费支出 Expenditure for Technical Renovation
全国	**Total**	**11920**	**123**	**69375**	**512299**
东部地区	Eastern Region	8104	40	11619	327882
中部地区	Middle Region	83	83	49112	163238
西部地区	Western Region	3733		8644	21179
东北地区	Northeaastern Region				
北京	Beijing	663		456	
天津	Tianjin				
河北	Hebei			301	
山西	Shanxi				
内蒙古	Inner Mongolia				
辽宁	Liaoning				
吉林	Jilin				
黑龙江	Heilongjiang				
上海	Shanghai	3064		7	56725
江苏	Jiangsu	122		71	41004
浙江	Zhejiang	83	83	49112	162126
安徽	Anhui			20	9889
福建	Fujian				88
江西	Jiangxi				154660
山东	Shandong				300
河南	Henan				724
湖北	Hubei				
湖南	Hunan				
广东	Guangdong	4257	40	10764	65605
广西	Guangxi				100
海南	Hainan				
重庆	Chongqing	3733			5005
四川	Sichuan			8644	15353
贵州	Guizhou				
云南	Yunnan				722
西藏	Tibet				
陕西	Shaanxi				
甘肃	Gansu				
青海	Qinghai				
宁夏	Ningxia				
新疆	Xinjiang				

2-6-5 续表 3 continued

单位：万元 (10000 yuan)

地区	Region	医疗仪器设备及仪器仪表制造业 Manufacture of Medical Equipments and Measuring Instrument			
		引进技术经费支出 Expenditure for Acquisition of Foreign Technology	消化吸收经费支出 Expenditure for Assimilation of Technology	购买境内技术经费支出 Expenditure for Purchase of Domestic Technology	技术改造经费支出 Expenditure for Technical Renovation
全国	**Total**	**61094**	**7921**	**24198**	**210578**
东部地区	Eastern Region	60970	7918	15942	150445
中部地区	Middle Region	16		1260	19565
西部地区	Western Region	108	3	6686	37547
东北地区	Northeaastern Region			310	3021
北京	Beijing	44014		666	2680
天津	Tianjin	15		47	351
河北	Hebei			1066	45
山西	Shanxi				16
内蒙古	Inner Mongolia				
辽宁	Liaoning				702
吉林	Jilin				
黑龙江	Heilongjiang			310	2319
上海	Shanghai	960			3809
江苏	Jiangsu	5445	7918	4310	65631
浙江	Zhejiang			4937	21711
安徽	Anhui			525	1058
福建	Fujian	1229		170	1749
江西	Jiangxi	16		312	511
山东	Shandong	5		235	8345
河南	Henan			240	6146
湖北	Hubei				4110
湖南	Hunan			183	7725
广东	Guangdong	9303		4510	46125
广西	Guangxi				1392
海南	Hainan				
重庆	Chongqing	108	3		5391
四川	Sichuan			6443	14572
贵州	Guizhou				30
云南	Yunnan				598
西藏	Tibet				
陕西	Shaanxi			243	15388
甘肃	Gansu				10
青海	Qinghai				
宁夏	Ningxia				141
新疆	Xinjiang				26

2-6-5 续表 4 continued

单位：万元 (10000 yuan)

地 区	Region	信息化学品制造业 Manufacture of Electronic Chemicals 引进技术经费支出 Expenditure for Acquisition of Foreign Technology	消化吸收经费支出 Expenditure for Assimilation of Technology	购买境内技术经费支出 Expenditure for Purchase of Domestic Technology	技术改造经费支出 Expenditure for Technical Renovation
全 国	**Total**	**559**		**561**	**19709**
东部地区	Eastern Region	559		561	17956
中部地区	Middle Region				705
西部地区	Western Region				1048
东北地区	Northeaastern Region				
北 京	Beijing				
天 津	Tianjin				
河 北	Hebei	302		501	2092
山 西	Shanxi				
内蒙古	Inner Mongolia				
辽 宁	Liaoning				
吉 林	Jilin				
黑龙江	Heilongjiang				
上 海	Shanghai				
江 苏	Jiangsu			60	6792
浙 江	Zhejiang				
安 徽	Anhui				12
福 建	Fujian				4172
江 西	Jiangxi				
山 东	Shandong	257			
河 南	Henan				1
湖 北	Hubei				85
湖 南	Hunan				607
广 东	Guangdong				4899
广 西	Guangxi				
海 南	Hainan				
重 庆	Chongqing				
四 川	Sichuan				1036
贵 州	Guizhou				
云 南	Yunnan				12
西 藏	Tibet				
陕 西	Shaanxi				
甘 肃	Gansu				
青 海	Qinghai				
宁 夏	Ningxia				
新 疆	Xinjiang				

2-7-1 各地区高技术产业企业办研发机构情况(2018年)
R&D Institutions in High-tech Industry by Region(2018)

地区	Region	有研发机构的企业数(个) Number of Enterprises with R&D Institutions (unit)	机构数(个) R&D Institutions (unit)	机构人员(人) Personnel in R&D Institutions (person)	机构经费支出(万元) Expenditure in R&D Institutions (10000 yuan)	#仪器设备 Equipment
全国	**Total**	**13179**	**16052**	**1011294**	**36984023**	**23793188**
东部地区	Eastern Region	10466	12577	811294	31537131	16973202
中部地区	Middle Region	1816	2326	116482	3008969	4941210
西部地区	Western Region	736	941	69740	2179922	1504294
东北地区	Northeastern Region	161	208	13778	258002	374483
北京	Beijing	194	228	15119	721194	630284
天津	Tianjin	86	103	13425	394569	541118
河北	Hebei	125	159	11076	263570	208395
山西	Shanxi	61	71	4268	78987	87032
内蒙古	Inner Mongolia	15	18	701	14240	14711
辽宁	Liaoning	91	118	8483	145633	257762
吉林	Jilin	43	55	3523	67552	84422
黑龙江	Heilongjiang	27	35	1772	44817	32300
上海	Shanghai	134	154	13308	602941	574419
江苏	Jiangsu	3053	3631	167338	5018632	5111307
浙江	Zhejiang	1346	1495	94284	2839910	1513053
安徽	Anhui	580	803	27331	787197	3145786
福建	Fujian	294	368	33556	1156863	698524
江西	Jiangxi	508	589	21254	598929	533915
山东	Shandong	356	591	46983	1504505	1330818
河南	Henan	196	283	22485	488458	404428
湖北	Hubei	222	294	21220	705875	483109
湖南	Hunan	249	286	19924	349523	286941
广东	Guangdong	4858	5823	415047	18993937	6352481
广西	Guangxi	39	51	1908	26124	14196
海南	Hainan	20	25	1158	41010	12803
重庆	Chongqing	174	217	10253	304284	206027
四川	Sichuan	230	286	34497	1297736	565033
贵州	Guizhou	77	89	4622	130656	160429
云南	Yunnan	60	69	2360	57963	40516
西藏	Tibet					
陕西	Shaanxi	90	143	11860	235599	350642
甘肃	Gansu	20	26	1606	48503	81736
青海	Qinghai	8	13	317	4118	27804
宁夏	Ningxia	14	15	1104	39034	30050
新疆	Xinjiang	9	14	512	21666	13149

2-7-2 按地区和企业规模分高技术产业企业办研发机构情况(2018年)
R&D Institutions in High-tech Industry by Region and Industrial Sector(2018)

地区	Region	大型企业 Large-sized Enterprises				
		有R&D机构的企业单位数(个) Number of Enterprises with R&D Institutions (unit)	机构数(个) R&D Institutions (unit)	机构人员(人) Personnel in R&D Institutions (person)	机构经费支出(万元) Expenditure in R&D Institutions (10000 yuan)	#仪器设备 Equipment
全　国	**Total**	**1217**	**2253**	**555988**	**25598503**	**14036404**
东部地区	Eastern Region	960	1745	451123	22437494	9485893
中部地区	Middle Region	148	295	58254	1616934	3679850
西部地区	Western Region	94	185	41364	1479742	800921
东北地区	Northeaastern Region	15	28	5247	64333	69740
北　京	Beijing	14	21	4342	335008	324598
天　津	Tianjin	12	19	7723	207134	402673
河　北	Hebei	12	22	6611	171256	131232
山　西	Shanxi	6	6	1309	29940	39271
内蒙古	Inner Mongolia	4	5	383	7265	6245
辽　宁	Liaoning	4	4	2678	14323	9896
吉　林	Jilin	7	14	1748	30458	43945
黑龙江	Heilongjiang	4	10	821	19553	15899
上　海	Shanghai	25	32	7128	332581	274955
江　苏	Jiangsu	292	457	76721	2616662	2507707
浙　江	Zhejiang	75	127	46182	1657111	655303
安　徽	Anhui	29	63	11221	437986	2816938
福　建	Fujian	39	84	21780	865599	480038
江　西	Jiangxi	44	85	8498	251071	124244
山　东	Shandong	35	134	32739	1145953	999715
河　南	Henan	29	66	12670	241000	260089
湖　北	Hubei	26	52	13335	528189	306041
湖　南	Hunan	14	23	11221	128747	133267
广　东	Guangdong	455	848	247847	15103025	3708458
广　西	Guangxi	6	16	873	11070	3328
海　南	Hainan	1	1	50	3165	1215
重　庆	Chongqing	16	36	5047	173458	90629
四　川	Sichuan	23	30	21043	912856	190029
贵　州	Guizhou	11	16	2651	84710	119884
云　南	Yunnan	7	10	828	26815	18680
西　藏	Tibet					
陕　西	Shaanxi	18	53	8739	185553	277406
甘　肃	Gansu	3	5	961	38161	73749
青　海	Qinghai	1	4	125	681	115
宁　夏	Ningxia	2	2	372	19073	8494
新　疆	Xinjiang	3	8	342	20101	12364

2-7-2 续表 continued

地区	Region	中型企业 Medium-sized Enterprises				
		有R&D机构的企业单位数（个） Number of Enterprises with R&D Institutions (unit)	机构数（个） R&D Institutions (unit)	机构人员（人） Personnel in R&D Institutions (person)	机构经费支出（万元） Expenditure in R&D Institutions (10000 yuan)	#仪器设备 Equipment
全 国	**Total**	**3239**	**4146**	**235923**	**6168002**	**5594716**
东部地区	Eastern Region	2616	3286	190915	5094145	4519475
中部地区	Middle Region	384	552	26452	590513	502199
西部地区	Western Region	197	249	13372	370248	343595
东北地区	Northeaastern Region	42	59	5184	113096	229448
北 京	Beijing	62	69	6055	220541	221991
天 津	Tianjin	24	28	3828	148541	87136
河 北	Hebei	28	43	2175	51068	26611
山 西	Shanxi	19	20	1988	32538	34995
内蒙古	Inner Mongolia	4	5	126	5095	5812
辽 宁	Liaoning	22	34	3728	76169	192079
吉 林	Jilin	17	22	1238	29534	35427
黑龙江	Heilongjiang	3	3	218	7393	1942
上 海	Shanghai	39	42	3772	192617	250356
江 苏	Jiangsu	835	1039	47402	1321551	1486067
浙 江	Zhejiang	324	383	25703	692757	461959
安 徽	Anhui	84	169	6535	144966	131802
福 建	Fujian	87	110	7447	196770	151117
江 西	Jiangxi	108	122	4196	111614	75825
山 东	Shandong	78	136	7469	204792	199265
河 南	Henan	62	87	4653	87235	57686
湖 北	Hubei	58	93	4930	115679	113941
湖 南	Hunan	53	61	4150	98482	87951
广 东	Guangdong	1130	1422	86254	2034068	1626214
广 西	Guangxi	12	12	582	10522	4788
海 南	Hainan	9	14	810	31441	8759
重 庆	Chongqing	58	70	2999	84024	79509
四 川	Sichuan	56	73	5195	187489	114887
贵 州	Guizhou	20	26	1187	27827	30802
云 南	Yunnan	7	11	212	3471	5711
西 藏	Tibet					
陕 西	Shaanxi	30	39	2266	33173	60634
甘 肃	Gansu	2	2	94	1940	1485
青 海	Qinghai	3	5	156	3099	27383
宁 夏	Ningxia	4	5	502	13326	12353
新 疆	Xinjiang	1	1	53	284	231

2-7-3 各地区国有及国有控股企业高技术产业企业办研发机构情况(2018年)

R&D Institutions in High-tech Industry of State-owned and State-controlled Enterprises by Region (2018)

地　区	Region	有研发机构的企业数（个）Number of Enterprises with R&D Institutions (unit)	机构数（个）R&D Institutions (unit)	机构人员（人）Personnel in R&D Institutions (person)	机构经费支出（万元）Expenditure in R&D Institutions (10000 yuan)	#仪器设备 Equipment
全　国	**Total**	**716**	**1172**	**187674**	**6108095**	**7505489**
东部地区	Eastern Region	430	698	118033	3979307	3018030
中部地区	Middle Region	128	209	30560	1042315	3405659
西部地区	Western Region	140	234	35499	1020475	881288
东北地区	Northeaastern Region	18	31	3582	65998	200511
北　京	Beijing	51	67	5504	268454	252673
天　津	Tianjin	31	36	3529	139677	102001
河　北	Hebei	14	22	1436	38397	83501
山　西	Shanxi	7	7	1414	16462	46099
内蒙古	Inner Mongolia	4	5	212	9551	5684
辽　宁	Liaoning	11	17	2977	53045	189031
吉　林	Jilin	5	6	184	3781	1282
黑龙江	Heilongjiang	2	8	421	9172	10198
上　海	Shanghai	33	44	5433	230047	215892
江　苏	Jiangsu	98	151	10127	349228	597655
浙　江	Zhejiang	28	41	16127	542686	104158
安　徽	Anhui	40	60	4092	219097	2691825
福　建	Fujian	19	38	8352	259913	151746
江　西	Jiangxi	10	22	3867	127326	257679
山　东	Shandong	28	71	25624	687756	707674
河　南	Henan	14	38	3728	129131	86732
湖　北	Hubei	31	46	10883	464816	247079
湖　南	Hunan	26	36	6576	85484	76245
广　东	Guangdong	126	221	41732	1457257	802225
广　西	Guangxi	6	7	172	1495	1891
海　南	Hainan	2	7	169	5893	505
重　庆	Chongqing	25	40	3151	143757	53210
四　川	Sichuan	33	57	17688	558366	325066
贵　州	Guizhou	23	28	3121	83667	142252
云　南	Yunnan	8	11	489	11703	7133
西　藏	Tibet					
陕　西	Shaanxi	34	75	9966	182960	306547
甘　肃	Gansu	4	6	594	27431	35032
青　海	Qinghai	1	3	50	1237	4391
宁　夏	Ningxia					
新　疆	Xinjiang	2	2	56	308	80

2-7-4 按地区和登记注册类型分高技术产业企业办研发机构情况(2018年)
R&D Institutions in High-tech Industry by Region and Registration Status(2018)

地区	Region	内资企业 Domestic Funded				
		有研发机构的企业数(个) Number of Enterprises with R&D Institutions (unit)	机构数(个) R&D Institutions (unit)	机构人员(人) Personnel in R&D Institutions (person)	机构经费支出(万元) Expenditure in R&D Institutions (10000 yuan)	#仪器设备 Equipment
全　国	**Total**	**10515**	**12933**	**746731**	**29051655**	**17315398**
东部地区	Eastern Region	7968	9683	566500	24071044	10894776
中部地区	Middle Region	1707	2186	102808	2734606	4691757
西部地区	Western Region	695	878	64913	2026165	1385789
东北地区	Northeaastern Region	145	186	12510	219841	343076
北　京	Beijing	159	190	11497	468767	346630
天　津	Tianjin	70	80	9474	230448	169672
河　北	Hebei	115	143	6056	130098	160234
山　西	Shanxi	59	69	4117	76809	86895
内蒙古	Inner Mongolia	12	14	505	12813	11522
辽　宁	Liaoning	80	107	7674	120264	236030
吉　林	Jilin	41	53	3412	64144	83341
黑龙江	Heilongjiang	24	26	1424	35433	23705
上　海	Shanghai	73	84	7339	289069	261234
江　苏	Jiangsu	2084	2547	91848	2801311	2667031
浙　江	Zhejiang	1149	1282	63880	1765558	1131082
安　徽	Anhui	554	770	25172	711162	3114772
福　建	Fujian	211	263	19833	618575	463113
江　西	Jiangxi	468	547	19699	560293	493184
山　东	Shandong	324	532	42011	1304815	1140857
河　南	Henan	186	260	20538	451892	327090
湖　北	Hubei	206	269	19071	659695	453593
湖　南	Hunan	234	271	14211	274755	216224
广　东	Guangdong	3766	4540	313487	16421909	4544245
广　西	Guangxi	32	44	1615	20620	9744
海　南	Hainan	17	22	1075	40493	10678
重　庆	Chongqing	162	199	7837	272305	160954
四　川	Sichuan	221	270	33095	1198827	512247
贵　州	Guizhou	76	87	4597	129610	159737
云　南	Yunnan	57	64	2192	50882	33938
西　藏	Tibet					
陕　西	Shaanxi	86	137	11614	227974	345481
甘　肃	Gansu	20	26	1606	48503	81736
青　海	Qinghai	7	12	295	4073	27544
宁　夏	Ningxia	14	15	1104	39034	30050
新　疆	Xinjiang	8	10	453	21523	12835

2-7-4 续表 1 continued

地 区	Region	#国有企业 State-owned Enterprises 有研发机构的企业数(个) Number of Enterprises with R&D Institutions (unit)	机构数(个) R&D Institutions (unit)	机构人员(人) Personnel in R&D Institutions (person)	机构经费支出(万元) Expenditure in R&D Institutions (10000 yuan)	#仪器设备 Equipment
全 国	**Total**	**31**	**61**	**8152**	**165582**	**515585**
东部地区	Eastern Region	13	21	2258	57589	97060
中部地区	Middle Region	5	5	2756	58081	349651
西部地区	Western Region	13	35	3138	49913	68874
东北地区	Northeaastern Region					
北 京	Beijing	4	4	414	23386	7016
天 津	Tianjin					
河 北	Hebei	2	2	464	3217	56786
山 西	Shanxi	1	1	715	1199	12059
内 蒙 古	Inner Mongolia					
辽 宁	Liaoning					
吉 林	Jilin					
黑 龙 江	Heilongjiang					
上 海	Shanghai					
江 苏	Jiangsu	2	2	161	4271	844
浙 江	Zhejiang	1	1	120	4673	854
安 徽	Anhui	1	1	48	61	91124
福 建	Fujian					
江 西	Jiangxi	1	1	1622	50387	231637
山 东	Shandong	1	4	920	15031	30792
河 南	Henan					
湖 北	Hubei	1	1	347	5241	13773
湖 南	Hunan	1	1	24	1193	1058
广 东	Guangdong	2	2	60	1983	276
广 西	Guangxi	1	2	45	178	550
海 南	Hainan	1	6	119	5028	492
重 庆	Chongqing	1	1	53	662	393
四 川	Sichuan					
贵 州	Guizhou	2	2	105	2907	1626
云 南	Yunnan	1	1	56	1127	574
西 藏	Tibet					
陕 西	Shaanxi	8	29	2879	45040	65731
甘 肃	Gansu					
青 海	Qinghai					
宁 夏	Ningxia					
新 疆	Xinjiang					

2-7-4 续表 2 continued

地 区	Region	港澳台投资企业 Enterprises with Funds from Hong Kong, Macau and Taiwan				
		有研发机构的企业数(个) Number of Enterprises with R&D Institutions (unit)	机构数(个) R&D Institutions (unit)	机构人员(人) Personnel in R&D Institutions (person)	机构经费支出(万元) Expenditure in R&D Institutions (10000 yuan)	#仪器设备 Equipment
全 国	**Total**	**1306**	**1577**	**147617**	**4381196**	**2951387**
东部地区	Eastern Region	1213	1453	133052	4032503	2694025
中部地区	Middle Region	64	80	10581	215375	210076
西部地区	Western Region	19	34	3358	118268	36053
东北地区	Northeaastern Region	10	10	626	15050	11233
北 京	Beijing	13	14	2285	143640	36200
天 津	Tianjin	5	10	619	33371	9740
河 北	Hebei	3	3	2221	67096	13651
山 西	Shanxi	1	1	124	1718	101
内蒙古	Inner Mongolia	3	4	196	1427	3190
辽 宁	Liaoning	6	6	427	10340	9421
吉 林	Jilin	2	2	111	3408	1080
黑龙江	Heilongjiang	2	2	88	1302	732
上 海	Shanghai	24	32	2991	175570	206781
江 苏	Jiangsu	351	422	27476	798906	857897
浙 江	Zhejiang	90	95	21391	773743	213011
安 徽	Anhui	17	21	1730	65090	19115
福 建	Fujian	47	59	7951	362055	150870
江 西	Jiangxi	23	25	592	18081	31470
山 东	Shandong	11	18	917	30884	27691
河 南	Henan	5	14	1667	33046	73339
湖 北	Hubei	8	9	1047	25805	18747
湖 南	Hunan	10	10	5421	71634	67305
广 东	Guangdong	668	799	67189	1647174	1178038
广 西	Guangxi	5	5	261	4366	3184
海 南	Hainan	1	1	12	65	147
重 庆	Chongqing	6	11	1672	14184	16572
四 川	Sichuan	2	9	1061	91211	6530
贵 州	Guizhou					
云 南	Yunnan	3	5	168	7081	6578
西 藏	Tibet					
陕 西	Shaanxi					
甘 肃	Gansu					
青 海	Qinghai					
宁 夏	Ningxia					
新 疆	Xinjiang					

2-7-4 续表 3 continued

地 区	Region	外商投资企业 Foreign Funded Enterprises				
		有研发机构的企业数（个） Number of Enterprises with R&D Institutions (unit)	机构数（个） R&D Institutions (unit)	机构人员（人） Personnel in R&D Institutions (person)	机构经费支出（万元） Expenditure in R&D Institutions (10000 yuan)	#仪器设备 Equipment
全 国	**Total**	**1358**	**1542**	**116946**	**3551172**	**3526403**
东部地区	Eastern Region	1285	1441	111742	3433583	3384400
中部地区	Middle Region	45	60	3093	58989	39377
西部地区	Western Region	22	29	1469	35489	82452
东北地区	Northeaastern Region	6	12	642	23111	20174
北 京	Beijing	22	24	1337	108788	247454
天 津	Tianjin	11	13	3332	130749	361707
河 北	Hebei	7	13	2799	66376	34510
山 西	Shanxi	1	1	27	459	37
内蒙古	Inner Mongolia					
辽 宁	Liaoning	5	5	382	15029	12311
吉 林	Jilin					
黑龙江	Heilongjiang	1	7	260	8082	7863
上 海	Shanghai	37	38	2978	138301	106403
江 苏	Jiangsu	618	662	48014	1418415	1586380
浙 江	Zhejiang	107	118	9013	300609	168961
安 徽	Anhui	9	12	429	10945	11899
福 建	Fujian	36	46	5772	176233	84541
江 西	Jiangxi	17	17	963	20556	9261
山 东	Shandong	21	41	4055	168806	162270
河 南	Henan	5	9	280	3520	4000
湖 北	Hubei	8	16	1102	20375	10770
湖 南	Hunan	5	5	292	3134	3412
广 东	Guangdong	424	484	34371	924853	630197
广 西	Guangxi	2	2	32	1138	1268
海 南	Hainan	2	2	71	452	1978
重 庆	Chongqing	6	7	744	17795	28501
四 川	Sichuan	7	7	341	7698	46256
贵 州	Guizhou	1	2	25	1046	692
云 南	Yunnan					
西 藏	Tibet					
陕 西	Shaanxi	4	6	246	7625	5161
甘 肃	Gansu					
青 海	Qinghai	1	1	22	45	260
宁 夏	Ningxia					
新 疆	Xinjiang	1	4	59	143	315

2-7-5 按地区和行业分高技术产业企业办研发机构情况(2018年)
R&D Institutions in High-tech Industry by Region and Industrial Sector (2018)

地区	Region	医药制造业 Medical and Pharmaceutical Products Manufacturing				
		有研发机构的企业数(个) Number of Enterprises with R&D Institutions (unit)	机构数(个) R&D Institutions (unit)	机构人员(人) Personnel in R&D Institutions (person)	机构经费支出(万元) Expenditure in R&D Institutions (10000 yuan)	#仪器设备 Equipment
全国	**Total**	**2427**	**3183**	**134799**	**4771896**	**3893957**
东部地区	Eastern Region	1375	1836	90673	3563957	2878094
中部地区	Middle Region	677	875	26425	722518	632024
西部地区	Western Region	298	374	12738	364765	280515
东北地区	Northeaastern Region	77	98	4963	120656	103325
北京	Beijing	67	72	5131	260809	171822
天津	Tianjin	31	36	4712	77966	66029
河北	Hebei	52	63	5149	142127	97829
山西	Shanxi	39	43	2373	60677	54886
内蒙古	Inner Mongolia	12	15	545	4502	9840
辽宁	Liaoning	27	31	1163	33224	32749
吉林	Jilin	34	45	2599	52277	46749
黑龙江	Heilongjiang	16	22	1201	35155	23828
上海	Shanghai	46	52	3570	183917	130145
江苏	Jiangsu	420	537	22252	1078431	874860
浙江	Zhejiang	235	287	14791	474413	424353
安徽	Anhui	200	292	6094	144762	169743
福建	Fujian	46	63	1996	52171	41933
江西	Jiangxi	176	202	4360	145939	69608
山东	Shandong	174	306	16320	714068	557768
河南	Henan	99	137	5771	126344	136450
湖北	Hubei	89	112	5476	171817	139289
湖南	Hunan	74	89	2351	72980	62049
广东	Guangdong	285	401	15713	544076	501046
广西	Guangxi	16	23	769	9313	5132
海南	Hainan	19	19	1039	35981	12310
重庆	Chongqing	57	71	2704	93120	77101
四川	Sichuan	87	117	3960	105976	79030
贵州	Guizhou	32	39	1130	38005	12479
云南	Yunnan	38	47	1559	44319	25708
西藏	Tibet					
陕西	Shaanxi	30	34	890	20860	14758
甘肃	Gansu	14	16	517	23213	36412
青海	Qinghai	2	2	22	97	151
宁夏	Ningxia	6	6	324	5173	10922
新疆	Xinjiang	4	4	318	20188	8982

2-7-5 续表 1 continued

地 区	Region	电子及通信设备制造业 Manufacture of Electronic Equipment and Communication Equipment				
		有研发机构的企业数(个) Number of Enterprises with R&D Institutions (unit)	机构数(个) R&D Institutions (unit)	机构人员(人) Personnel in R&D Institutions (person)	机构经费支出(万元) Expenditure in R&D Institutions (10000 yuan)	#仪器设备 Equipment
全 国	**Total**	**7337**	**8772**	**658712**	**26711562**	**15293892**
东部地区	Eastern Region	6244	7402	552620	23554186	10922829
中部地区	Middle Region	811	1030	68201	1735439	3702763
西部地区	Western Region	242	292	33297	1355327	590405
东北地区	Northeaastern Region	40	48	4594	66610	77895
北 京	Beijing	52	66	4369	230326	386033
天 津	Tianjin	33	43	4656	176820	411987
河 北	Hebei	37	50	3649	81589	19005
山 西	Shanxi	13	13	1290	7860	19538
内 蒙 古	Inner Mongolia	3	3	156	9738	4872
辽 宁	Liaoning	31	38	3680	51426	40351
吉 林	Jilin	8	9	898	14969	37497
黑 龙 江	Heilongjiang	1	1	16	215	46
上 海	Shanghai	58	67	7705	308001	279040
江 苏	Jiangsu	1624	1944	98534	2759462	3281615
浙 江	Zhejiang	686	746	58652	1866208	758375
安 徽	Anhui	292	394	17661	552843	2922434
福 建	Fujian	182	223	23301	860434	579726
江 西	Jiangxi	251	295	11348	307053	176910
山 东	Shandong	91	153	9418	323911	233813
河 南	Henan	56	85	11668	221248	206351
湖 北	Hubei	92	122	12523	456218	235232
湖 南	Hunan	107	121	13711	190216	142298
广 东	Guangdong	3480	4104	342217	16942406	4972742
广 西	Guangxi	17	22	1004	14466	7257
海 南	Hainan	1	6	119	5028	492
重 庆	Chongqing	61	75	3801	156227	90089
四 川	Sichuan	92	103	23141	1040956	304803
贵 州	Guizhou	23	24	1120	22882	28834
云 南	Yunnan	11	11	419	6926	12848
西 藏	Tibet					
陕 西	Shaanxi	21	29	2121	55780	61314
甘 肃	Gansu	3	5	774	18803	42912
青 海	Qinghai	5	10	287	3938	27586
宁 夏	Ningxia	4	5	404	25290	9265
新 疆	Xinjiang	2	5	70	323	625

2-7-5 续表 2 continued

地 区	Region	计算机及办公设备制造业 Manufacture of Computer and Office Equipments				
		有研发机构的企业数 (个) Number of Enterprises with R&D Institutions (unit)	机构数 (个) R&D Institutions (unit)	机构人员 (人) Personnel in R&D Institutions (person)	机构经费支出 (万元) Expenditure in R&D Institutions (10000 yuan)	#仪器设备 Equipment
全 国	**Total**	**892**	**1076**	**79470**	**2037957**	**1470873**
东部地区	Eastern Region	795	939	70216	1872869	1342945
中部地区	Middle Region	50	77	3950	94840	63878
西部地区	Western Region	44	52	4975	61982	63477
东北地区	Northeaastern Region	3	8	329	8265	573
北 京	Beijing	12	13	1219	92878	19008
天 津	Tianjin	3	3	2300	101342	23531
河 北	Hebei	4	5	250	3254	1695
山 西	Shanxi	1	7	78	1899	281
内蒙古	Inner Mongolia					
辽 宁	Liaoning	2	7	249	5423	424
吉 林	Jilin					
黑龙江	Heilongjiang	1	1	80	2842	149
上 海	Shanghai	5	8	200	26560	16648
江 苏	Jiangsu	166	190	14505	333398	201619
浙 江	Zhejiang	53	56	2299	73294	27126
安 徽	Anhui	15	26	2244	66124	28014
福 建	Fujian	23	38	6404	210844	51813
江 西	Jiangxi	17	22	853	15212	17072
山 东	Shandong	14	21	16088	360064	451545
河 南	Henan	3	4	260	1594	422
湖 北	Hubei	3	3	22	393	511
湖 南	Hunan	11	15	493	9619	17579
广 东	Guangdong	515	605	26951	671235	549961
广 西	Guangxi	1	1	20	98	195
海 南	Hainan					
重 庆	Chongqing	30	36	2462	27043	21361
四 川	Sichuan	8	10	2193	30015	41343
贵 州	Guizhou	1	1	20	282	19
云 南	Yunnan	3	3	230	3957	545
西 藏	Tibet					
陕 西	Shaanxi	1	1	50	587	15
甘 肃	Gansu					
青 海	Qinghai					
宁 夏	Ningxia					
新 疆	Xinjiang					

2-7-5 续表 3 continued

地 区	Region	医疗仪器设备及仪器仪表制造业 Manufacture of Medical Equipments and Measuring Instrument 有研发机构的企业数（个） Number of Enterprises with R&D Institutions (unit)	机构数（个） R&D Institutions (unit)	机构人员（人） Personnel in R&D Institutions (person)	机构经费支出（万元） Expenditure in R&D Institutions (10000 yuan)	#仪器设备 Equipment
全 国	**Total**	**2293**	**2692**	**105328**	**2590414**	**1697276**
东部地区	Eastern Region	1935	2252	89457	2270581	1452887
中部地区	Middle Region	235	278	9212	191822	132398
西部地区	Western Region	89	117	5124	107908	96752
东北地区	Northeaastern Region	34	45	1535	20103	15239
北 京	Beijing	54	63	2916	90598	40457
天 津	Tianjin	16	17	1205	27433	21592
河 北	Hebei	23	27	1074	14918	14393
山 西	Shanxi	6	6	276	4408	2114
内 蒙 古	Inner Mongolia					
辽 宁	Liaoning	27	36	1151	14817	11186
吉 林	Jilin	1	1	26	306	176
黑 龙 江	Heilongjiang	6	8	358	4980	3877
上 海	Shanghai	23	25	1049	47222	35691
江 苏	Jiangsu	789	893	30118	791294	679626
浙 江	Zhejiang	363	397	18335	421066	297321
安 徽	Anhui	65	82	1131	18640	16141
福 建	Fujian	40	41	1686	28345	15634
江 西	Jiangxi	55	61	1979	31375	19012
山 东	Shandong	73	105	4238	79379	65995
河 南	Henan	35	49	2553	56372	37921
湖 北	Hubei	23	29	731	18035	20112
湖 南	Hunan	51	51	2542	62992	37098
广 东	Guangdong	554	684	28836	770326	282179
广 西	Guangxi	5	5	115	2247	1612
海 南	Hainan					
重 庆	Chongqing	24	33	1188	26121	12057
四 川	Sichuan	31	34	1870	46761	28143
贵 州	Guizhou	3	3	97	4281	1573
云 南	Yunnan	7	7	142	2761	1291
西 藏	Tibet					
陕 西	Shaanxi	12	28	1288	16648	41986
甘 肃	Gansu	1	1	20	697	400
青 海	Qinghai	1	1	8	84	68
宁 夏	Ningxia	3	3	352	7683	9581
新 疆	Xinjiang	2	2	44	626	41

2-7-5 续表 4 continued

地 区	Region	信息化学品制造业 Manufacture of Electronic Chemicals				
		有研发机构的企业数 (个) Number of Enterprises with R&D Institutions (unit)	机构数 (个) R&D Institutions (unit)	机构人员 (人) Personnel in R&D Institutions (person)	机构经费支出 (万元) Expenditure in R&D Institutions (10000 yuan)	#仪器设备 Equipment
全 国	**Total**	**73**	**91**	**4131**	**135558**	**127972**
东部地区	Eastern Region	53	63	3144	108119	100262
中部地区	Middle Region	14	18	596	22774	17981
西部地区	Western Region	5	9	356	4320	8501
东北地区	Northeastern Region	1	1	35	345	1228
北 京	Beijing	1	1	92	1786	735
天 津	Tianjin					
河 北	Hebei	5	10	493	17419	18347
山 西	Shanxi					
内 蒙 古	Inner Mongolia					
辽 宁	Liaoning					
吉 林	Jilin					
黑 龙 江	Heilongjiang	1	1	35	345	1228
上 海	Shanghai					
江 苏	Jiangsu	24	27	1141	34592	41082
浙 江	Zhejiang	6	6	154	3306	3041
安 徽	Anhui	4	5	75	2871	6803
福 建	Fujian	3	3	169	5069	9418
江 西	Jiangxi	3	3	51	3239	1363
山 东	Shandong	2	2	461	22044	15545
河 南	Henan	1	1	51	1592	235
湖 北	Hubei	4	4	213	7278	6002
湖 南	Hunan	2	5	206	7794	3579
广 东	Guangdong	12	14	634	23903	12094
广 西	Guangxi					
海 南	Hainan					
重 庆	Chongqing					
四 川	Sichuan	1	1	68	1385	1904
贵 州	Guizhou					
云 南	Yunnan					
西 藏	Tibet					
陕 西	Shaanxi	2	4	184	1516	2816
甘 肃	Gansu					
青 海	Qinghai					
宁 夏	Ningxia	1	1	24	889	281
新 疆	Xinjiang	1	3	80	530	3500

3

国际比较情况
International Comparison

3-1 高技术产业出口总额(2007-2017)
High-technology exports (2007-2017)

单位：百万美元 (million US $)

国 家	Country	2006	2007	2008	2009	2010	2011	2012	2013	2014	2015	2016	2017
中 国	China	273132	302773	340118	309601	406090	457107	505646	560058	558606	554273	496007	504381
美 国	USA	219026	218116	220884	132407	145498	145273	148772	147833	155641	154346	153187	110120
日 本	Japan	129241	117858	119915	95159	122047	126478	123412	105076	100955	91514	92883	83661
英 国	UK	116296	61149	59427	55135	59785	69315	67787	69223	70653	69417	68280	68625
法 国	France	81538	78822	91980	82531	99736	105101	108365	113000	114697	104340	103840	98689
德 国	Germany	163169	153419	159812	139961	158507	183371	183354	193088	199718	185556	189646	171633
澳大利亚	Australia	3374	3260	3794	3247	3826	4859	4761	4565	4691	4237	4572	4323
加拿大	Canada	26735	26311	26911	23210	23963	25017	24039	29137	31552	26295	23974	24220
意大利	Italy	25885	26448	28813	25027	26419	31192	27526	29752	30745	26927	27906	27787
瑞 典	Sweden	18364	15069	15424	12794	16178	18499	16547	17025	16556	14946	14981	15011
瑞 士	Switzerland	31213	35336	42670	39447	42820	50301	50102	53350	55907	53258	54887	24160
土耳其	Turkey	1281	1644	1680	1359	1714	1921	1979	2177	2347	2323	2183	3052
奥地利	Austria	14331	14554	15327	12255	13721	15706	16176	18412	19270	15947	21002	12943
比利时	Belgium	23739	24932	28302	29553	31949	34681	36504	41674	43699	38856	38068	30704
捷 克	Czech	12081	14440	17304	14252	17469	23366	22008	20921	23084	20792	20289	21070
丹 麦	Denmark	11446	11051	11445	10630	8224	9464	8827	9185	9759	9375	9303	7457
芬 兰	Finland	13987	13026	13506	6747	5853	5358	4448	3725	3961	3633	3329	3572
希 腊	Greece	1185	923	1291	1170	1090	1171	1041	855	1210	1141	1189	1196
冰 岛	Iceland	308	774	416	246	141	156	104	93	118	110	136	88
爱尔兰	Ireland	31829	28169	27795	24287	21232	23752	22702	21915	21261	29060	33779	25728
墨西哥	Mexico	35899	33482	33387	31184	37657	40795	44013	45419	49403	45781	46810	50435
荷 兰	Netherlands	69510	67416	58128	50765	59510	67148	63963	69040	70308	59128	53045	63617
新西兰	New Zealand	590	603	584	473	548	661	706	723	645	604	599	530
挪 威	Norway	3338	3584	4264	3808	3834	4511	4514	4826	5208	4617	3914	3591
葡萄牙	Portugal	2960	3213	3263	1166	1221	1547	1744	1942	2085	1906	2251	2351
西班牙	Spain	10367	9814	10851	10157	11290	13370	13378	16346	15401	14241	14202	15567
韩 国	South Korea	93352	101032	100909	92856	121478	122021	121313	130460	133447	126541	118365	72700
新加坡	Singapore	124739	102854	117068	95398	126982	126435	128239	135602	137369	130989	126323	136161
匈牙利	Hungary	14995	18271	20254	16919	18816	20649	14878	14471	12889	11790	12444	13479
波 兰	Poland	3225	3371	5907	6627	8305	8614	9560	12052	14487	13445	13319	13678
俄罗斯联邦	Russian Federation	3866	4109	5071	4527	5075	5443	7095	8656	9843	9677	6640	9174
巴 西	Brazil	8418	9076	10286	7896	8122	8415	8820	8392	8229	8848	9775	9925
印 度	India	4876	5998	7738	10728	10087	12871	12434	16693	17316	13751	13336	14456

数据来源：世界银行《世界发展指标2019》。
World Bank, World Development Indicators 2019.

3-2 部分国家高技术产业出口占制造业出口的比重(2007-2017年)

The Ratio of Exports of High Technology Industry to Exports of Manufacturing in Selected Countries (2007-2017)

(%)

国 家	Countries	2006	2007	2008	2009	2010	2011	2012	2013	2014	2015	2016	2017
中 国	China	30.5	26.7	25.6	27.5	27.5	25.8	26.3	27.0	25.4	25.8	25.2	23.8
美 国	USA	30.1	27.2	25.9	21.5	19.9	18.1	17.8	17.8	18.2	19.0	20.0	13.8
日 本	Japan	22.1	18.4	17.3	18.8	18.0	17.5	17.4	16.8	16.7	16.8	16.2	13.8
英 国	UK	33.9	18.9	18.5	21.8	21.0	21.4	21.7	21.9	20.6	20.8	21.8	21.1
法 国	France	21.5	18.5	20.0	22.6	24.9	23.7	25.4	25.8	26.1	26.8	26.7	23.5
德 国	Germany	17.1	14.0	13.3	15.3	15.3	15.0	15.8	16.1	16.0	16.7	16.9	13.9
澳大利亚	Australia	12.3	10.3	10.8	11.9	11.9	13.1	12.7	12.9	13.6	13.5	14.8	12.8
加拿大	Canada	13.3	12.8	13.6	16.3	14.0	13.4	12.4	14.1	14.8	13.8	12.9	12.9
意大利	Italy	7.3	6.3	6.4	7.5	7.2	7.4	7.1	7.3	7.2		7.5	6.8
瑞 典	Sweden	16.1	11.5	11.2	12.9	13.7	13.4	13.4	14.0	13.9	14.3	14.3	13.2
瑞 士	Switzerland	24.0	23.4	24.5	26.1	25.4	24.9	25.8	26.5	26.4	26.8	27.1	11.4
土耳其	Turkey	1.9	1.9	1.6	1.7	1.9	1.8	1.8	1.9	1.9	2.2	2.0	2.5
奥地利	Austria	13.3	11.3	11.0	11.6	11.9	11.7	12.8	13.7	13.9	13.4	17.6	9.8
比利时	Belgium	8.4	7.4	8.0	10.4	10.5	10.0	11.4	11.5	12.8	13.0	12.5	9.5
捷 克	Czech	14.3	13.2	13.6	14.6	15.3	16.3	16.1	14.7	14.9	14.9	13.9	12.8
丹 麦	Denmark	20.2	16.8	15.6	17.9	14.2	14.0	14.2	14.3	14.4	16.0	15.7	11.6
芬 兰	Finland	22.3	18.0	17.2	14.0	10.9	9.3	8.5	7.2	7.9	8.7	8.4	7.8
希 腊	Greece	11.0	7.4	9.3	10.9	10.1	9.7	9.2	7.5	10.3	11.0	11.4	10.4
冰 岛	Iceland	46.9	60.7	40.7	31.4	21.0	20.9	14.3	15.5	16.9	19.9	23.2	13.8
爱尔兰	Ireland	34.5	27.3	25.7	24.3	21.2	21.7	22.6	22.4	21.3	26.8	29.1	21.4
墨西哥	Mexico	19.0	17.2	15.7	18.2	16.9	16.5	16.3	15.9	16.0	14.7	15.3	15.2
荷 兰	Netherlands	29.0	23.3	19.2	20.9	21.3	19.8	20.1	20.4	19.9		17.8	18.6
新西兰	New Zealand	10.3	9.1	8.5	8.9	9.0	9.3	9.7	10.3	9.1	9.6	10.1	8.6
挪 威	Norway	17.2	14.7	14.8	15.8	16.2	18.5	18.8	19.1	20.7	20.5	19.3	18.4
葡萄牙	Portugal	9.3	8.4	8.1	3.8	3.4	3.5	4.1	4.3	4.4		5.3	5.0
西班牙	Spain	6.4	5.1	5.3	6.2	6.4	6.5	7.0	7.7	7.0	7.1	7.0	7.0
韩 国	South Korea	32.1	30.5	27.6	28.7	29.5	25.7	26.2	27.1	26.9	26.8	26.6	14.2
新加坡	Singapore	58.1	45.2	49.4	48.1	49.9	45.2	45.3	47.0	47.2	49.3	48.9	49.2
匈牙利	Hungary	24.1	23.8	23.3	24.9	24.1	22.7	18.1	16.3	13.7		14.0	13.8
波 兰	Poland	3.7	3.0	4.3	6.1	6.7	5.9	7.0	7.7	8.7	8.8	8.5	7.7
俄罗斯联邦	Russian Federation	7.8	6.9	6.5	9.2	9.1	8.0	8.4	10.0	11.5	13.8	10.7	11.5
巴 西	Brazil	12.1	11.9	11.6	13.2	11.2	9.7	10.5	9.6	10.6	12.3	13.4	12.3
印 度	India	6.1	6.4	6.8	9.1	7.2	6.9	6.6	8.1	8.6	7.5	7.1	7.0

数据来源：世界银行《世界发展指标2019》。
World Bank, World Development Indicators 2019.

附　　录

Appendix

附录 1　高技术产业（制造业）分类（2017）

High-technology Industry（Manufacturing Industry）Classifications (2017)

一、分类目的

为准确反映高技术产业发展状况，界定高技术产业（制造业）统计范围，健全高技术产业统计体系，依据《中华人民共和国统计法》，参照国际相关分类标准并以《国民经济行业分类》（GB/T 4754-2017）为基础，制定本分类。

二、高技术产业界定和范围

本分类规定的高技术产业（制造业）是指国民经济行业中 R&D 投入强度[①]相对高的制造业行业，包括：医药制造，航空、航天器及设备制造，电子及通信设备制造，计算机及办公设备制造，医疗仪器设备及仪器仪表制造，信息化学品制造等 6 大类。

三、编制原则

（一）以国际分类标准为借鉴。

本分类借鉴 OECD（经济合作与发展组织）关于高技术产业的分类方法；分类表中第一类至第五类内容可与有关国际分类基本衔接，能够满足国际比较的需要。

（二）以《国民经济行业分类》为基础。

本分类是以《国民经济行业分类》（GB/T 4754-2017）为基础，对国民经济行业分类中符合高技术产业（制造业）特征有关活动的再分类。

（三）以提升可操作性为基本要求。

本分类中各小类尽可能与《国民经济行业分类》（GB/T 4754-2017）行业小类对应，便于统计资料的获取、整理和再加工。

四、结构和编码

本分类采用线分类法和分层次编码方法，将高技术产业（制造业）划分为三层，分别用阿拉伯数字编码表示。第一层为大类，用 2 位数字表示，共有 6 个大类；第二层为中类，用 3 位数字表示，前两位为大类代码，共有 34 个中类；第三层为小类，用 4 位数字表示，前三位为中类代码，共有 85 个小类。

本分类代码结构：

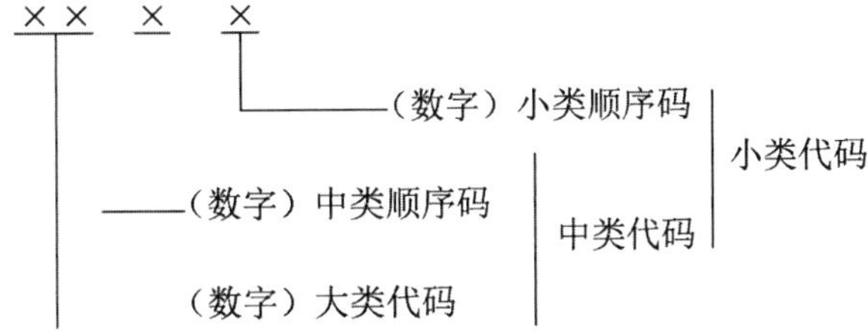

① R&D 投入强度是指 R&D 经费支出与企业主营业务收入之比。R&D（即研究与试验发展）是指为增加知识存量（也包括有关人类、文化和社会的知识）以及设计已有知识的新应用而进行的创造性、系统性工作。

六、高技术产业（制造业）分类表

代码			名称	行业分类代码
大类	中类	小类		
01			医药制造业	27
	011		化学药品制造	
		0111	化学药品原料药制造	2710
		0112	化学药品制剂制造	2720
	012	0120	中药饮片加工	2730
	013	0130	中成药生产	2740
	014	0140	兽用药品制造	2750
	015		生物药品制品制造	276
		0151	生物药品制造	2761
		0152	基因工程药物和疫苗制造	2762
	016	0160	卫生材料及医药用品制造	2770
	017	0170	药用辅料及包装材料	2780
02			航空、航天器及设备制造业	
	021	0210	飞机制造	3741
	022	0220	航天器及运载火箭制造	3742
	023		航空、航天相关设备制造	
		0231	航天相关设备制造	3743
		0232	航空相关设备制造	3744
	024	0240	其他航空航天器制造	3749
	025	0250	航空航天器修理	4343
03			电子及通信设备制造业	
	031		电子工业专用设备制造	
		0311	半导体器件专用设备制造	3562
		0312	电子元器件与机电组件设备制造	3563
		0313	其他电子专用设备制造	3569
	032		光纤、光缆及锂离子电池制造	
		0321	光纤制造	3832
		0322	光缆制造	3833
		0323	锂离子电池制造	3841
	033		通信设备、雷达及配套设备制造	
		0331	通信系统设备制造	3921
		0332	通信终端设备制造	3922
		0333	雷达及配套设备制造	3940
	034		广播电视设备制造	393
		0341	广播电视节目制作及发射设备制造	3931
		0342	广播电视接收设备制造	3932
		0343	广播电视专用配件制造	3933
		0344	专业音响设备制造	3934

续表

代码			名称	行业分类代码
大类	中类	小类		
		0345	应用电视设备及其他广播电视设备制造	3939
	035		非专业视听设备制造	395
		0351	电视机制造	3951
		0352	音响设备制造	3952
		0353	影视录放设备制造	3953
	036		电子器件制造	397
		0361	电子真空器件制造	3971
		0362	半导体分立器件制造	3972
		0363	集成电路制造	3973
		0364	显示器件制造	3974
		0365	半导体照明器件制造	3975
		0366	光电子器件制造	3976
		0367	其他电子器件制造	3979
	037		电子元件及电子专用材料制造	398
		0371	电阻电容电感元件制造	3981
		0372	电子电路制造	3982
		0373	敏感元件及传感器制造	3983
		0374	电声器件及零件制造	3984
		0375	电子专用材料制造	3985
		0376	其他电子元件制造	3989
	038		智能消费设备制造	
		0381	可穿戴智能设备制造	3961
		0382	智能车载设备制造	3962
		0383	智能无人飞行器制造	3963
		0384	其他智能消费设备制造	3969
	039	0390	其他电子设备制造	3990
04			**计算机及办公设备制造业**	
	041	0410	计算机整机制造	3911
	042	0420	计算机零部件制造	3912
	043	0430	计算机外围设备制造	3913
	044	0440	工业控制计算机及系统制造	3914
	045	0450	信息安全设备制造	3915
	046	0460	其他计算机制造	3919
	047		办公设备制造	
		0471	复印和胶印设备制造	3474
		0472	计算器及货币专用设备制造	3475
05			**医疗仪器设备及仪器仪表制造业**	
	051		医疗仪器设备及器械制造	

续表

代码			名称	行业分类代码
大类	中类	小类		
		0511	医疗诊断、监护及治疗设备制造	3581
		0512	口腔科用设备及器具制造	3582
		0513	医疗实验室及医用消毒设备和器具制造	3583
		0514	医疗、外科及兽医用器械制造	3584
		0515	机械治疗及病房护理设备制造	3585
		0516	康复辅具制造	3586
		0517	其他医疗设备及器械制造	3589
	052		通用仪器仪表制造	
		0521	工业自动控制系统装置制造	4011
		0522	电工仪器仪表制造	4012
		0523	绘图、计算及测量仪器制造	4013
		0524	实验分析仪器制造	4014
		0525	试验机制造	4015
		0526	供应用仪器仪表制造	4016
		0527	其他通用仪器制造	4019
	053		专用仪器仪表制造	
		0531	环境监测专用仪器仪表制造	4021
		0532	运输设备及生产用计数仪表制造	4022
		0533	导航、测绘、气象及海洋专用仪器制造	4023
		0534	农林牧渔专用仪器仪表制造	4024
		0535	地质勘探和地震专用仪器制造	4025
		0536	教学专用仪器制造	4026
		0537	核子及核辐射测量仪器制造	4027
		0538	电子测量仪器制造	4028
		0539	其他专用仪器制造	4029
	054	0540	光学仪器制造	4040
	055	0550	其他仪器仪表制造业	4090
06			**信息化学品制造业**	
	061		信息化学品制造	
		0611	文化用信息化学品制造	2664
		0612	医学生产用信息化学品制造	2665

附件 2

《高技术产业（制造业）分类》新旧对照表

2017 年新标准				行业分类代码（2017）	2013 年旧标准	行业分类代码（2013）	简要说明
大类	中类	小类	名称		名称		
1			**医药制造业**	27	**一、医药制造业**	27	
	11		化学药品制造		（一）化学药品制造		
		111	化学药品原料药制造	2710	化学药品原料药制造	2710	
		112	化学药品制剂制造	2720	化学药品制剂制造	2720	
	12	120	中药饮片加工	2730	（二）中药饮片加工	2730	
	13	130	中成药生产	2740	（三）中成药生产	2740	
	14	140	兽用药品制造	2750	（四）兽用药品制造	2750	
	15		生物药品制品制造	276	（五）生物药品制造	2760	更名
		151	生物药品制造	2761	（五）生物药品制造	2760	新增，将原 2760 分解
		152	基因工程药物和疫苗制造	2762	（五）生物药品制造	2760	新增，将原 2760 分解
	16	160	卫生材料及医药用品制造	2770	（六）卫生材料及医药用品制造	2770	部分内容调出，新增为 2780
	17	170	药用辅料及包装材料	2780	（六）卫生材料及医药用品制造	2770	新增，原 2770 部分内容调至此类
2			**航空、航天器及设备制造业**		**二、航空、航天器及设备制造业**		
	21	210	飞机制造	3741	（一）飞机制造	3741	
	22	220	航天器及运载火箭制造	3742	（二）航天器制造	3742	更名
	23		航空、航天相关设备制造		（三）航空、航天相关设备制造	3743	
		231	航天相关设备制造	3743	（三）航空、航天相关设备制造	3743	新增，将原 3743 分解
		232	航空相关设备制造	3744	（三）航空、航天相关设备制造	3743	新增，将原 3743 分解
	24	240	其他航空航天器制造	3749	（四）其他航空航天器制造	3749	
	25	250	航空航天器修理	4343	（五）航空航天器修理	4343	
3			**电子及通信设备制造业**		**三、电子及通信设备制造业**		
	31		电子工业专用设备制造		（一）电子工业专用设备制造		

续表

2017年新标准				行业分类代码（2017）	2013年旧标准	行业分类代码（2013）	简要说明
大类	中类	小类	名称		名称		
		311	半导体器件专用设备制造	3562	（一）电子工业专用设备制造	3562	新增，将原3562分解
		312	电子元器件与机电组件设备制造	3563	（一）电子工业专用设备制造	3562	新增，将原3562分解
		313	其他电子专用设备制造	3569	（一）电子工业专用设备制造	3562	新增，将原3562分解
	32		光纤、光缆及锂离子电池制造		（二）光纤、光缆制造	3832	新增，将原中类二、三合并
		321	光纤制造	3832	（三）锂离子电池制造	3841	
		322	光缆制造	3833	（二）光纤、光缆制造	3832	新增，将原3832分解
		323	锂离子电池制造	3841	（二）光纤、光缆制造	3832	新增，将原3832分解
	33		通信设备、雷达及配套设备制造		（三）锂离子电池制造	3841	
		331	通信系统设备制造	3921	（四）通信设备制造	392	新增，将原中类四、六合并
		332	通信终端设备制造	3922	（六）雷达及配套设备制造	3940	
		333	雷达及配套设备制造	3940	通信系统设备制造	3921	
	34		广播电视设备制造	393	通信终端设备制造	3922	
		341	广播电视节目制作及发射设备制造	3931	（六）雷达及配套设备制造	3940	
		342	广播电视接收设备制造	3932	（五）广播电视设备制造	393	
		343	广播电视专用配件制造	3933	广播电视节目制作及发射设备制造	3931	
		344	专业音响设备制造	3934	广播电视接收设备及器材制造	3932	新增，将原3932分解
		345	应用电视设备及其他广播电视设备制造	3939	广播电视接收设备及器材制造	3932	新增，将原3932分解
	35		非专业视听设备制造	395	广播电视接收设备及器材制造	3932	新增，将原3932分解
		351	电视机制造	3951	应用电视设备及其他广播电视设备制造	3939	
		352	音响设备制造	3952	（七）视听设备制造	395	
		353	影视录放设备制造	3953	电视机制造	3951	
	36		电子器件制造	397	音响设备制造	3952	
		361	电子真空器件制造	3971	影视录放设备制造	3953	
		362	半导体分立器件制造	3972	（八）电子器件制造	396	
		363	集成电路制造	3973	电子真空器件制造	3961	
		364	显示器件制造	3974	半导体分立器件制造	3962	
		365	半导体照明器件制造	3975	集成电路制造	3963	

续表

2017年新标准				行业分类代码(2017)	2013年旧标准	行业分类代码(2013)	简要说明
大类	中类	小类	名称		名称		
		366	光电子器件制造	3976	光电子器件及其他电子器件制造	3969	新增，将原3969分解
		367	其他电子器件制造	3979	光电子器件及其他电子器件制造	3969	新增，将原3969分解
	37		电子元件及电子专用材料制造	398	光电子器件及其他电子器件制造	3969	新增，将原3969分解
		371	电阻电容电感元件制造	3981	光电子器件及其他电子器件制造	3969	新增，将原3969分解
		373	敏感元件及传感器制造	3983	（九）电子元件制造	397	更名
		374	电声器件及零件制造	3984	电子元件及组件制造	3971	新增，将原3971分解
		375	电子专用材料制造	3985	电子元件及组件制造	3971	新增，将原3971分解
		376	其他电子元件制造	3989	电子元件及组件制造	3971	新增，将原3971分解
		372	电子电路制造	3982	电子元件及组件制造	3971	新增，将原3971分解
	38		智能消费设备制造		电子元件及组件制造	3971	新增，将原3971分解
		381	可穿戴智能设备制造	3961	印制电路版制造	3972	更名
		382	智能车载设备制造	3962	（十）其他电子设备制造	3990	新增，原3990部分内容调至此中类
		383	智能无人飞行器制造	3963	（十）其他电子设备制造	3990	新增，原3990部分内容调至此类
		384	其他智能消费设备制造	3969	（十）其他电子设备制造	3990	新增，原3990部分内容调至此类
	39	390	其他电子设备制造	3990	（十）其他电子设备制造	3990	新增，原3990部分内容调至此类
4			**计算机及办公设备制造业**		（十）其他电子设备制造	3990	新增，原3990、3859部分内容调至此类
	41	410	计算机整机制造	3911	（十）其他电子设备制造	3990	内容变更，部分内容新增为3961、3962、3963
	42	420	计算机零部件制造	3912	**四、计算机及办公设备制造业**		
	43	430	计算机外围设备制造	3913	（一）计算机整机制造	3911	
	44	440	工业控制计算机及系统制造	3914	（二）计算机零部件制造	3912	
	45	450	信息安全设备制造	3915	（三）计算机外围设备制造	3913	新增，原3919部分内容调至此类
	46	460	其他计算机制造	3919	（四）其他计算机制造	3919	新增，原3919部分内容调至此类
	47		办公设备制造		（四）其他计算机制造	3919	内容变更，部分内容新增为3914和3915
		471	复印和胶印设备制造	3474	（四）其他计算机制造	3919	
		472	计算器及货币专用设备制造	3475	（五）办公设备制造		
5			**医疗仪器设备及仪器仪表制造业**		复印和胶印设备制造	3474	
	51		医疗仪器设备及器械制造		计算器及货币专用设备制造	3475	

续表

2017年新标准				行业分类代码（2017）	2013年旧标准	行业分类代码（2013）	简要说明
大类	中类	小类	名称		名称		
		511	医疗诊断、监护及治疗设备制造	3581	**五、医疗仪器设备及仪器仪表制造业**		
		512	口腔科用设备及器具制造	3582	（一）医疗仪器设备及器械制造		
		513	医疗实验室及医用消毒设备和器具制造	3583	医疗诊断、监护及治疗设备制造	3581	
		514	医疗、外科及兽医用器械制造	3584	口腔科用设备及器具制造	3582	
		515	机械治疗及病房护理设备制造	3585	医疗实验室及医用消毒设备和器具制造	3583	
		516	康复辅具制造	3586	医疗、外科及兽医用器械制造	3584	
		517	其他医疗设备及器械制造	3589	机械治疗及病房护理设备制造	3585	
	52		通用仪器仪表制造		假肢、人工器官及植（介）入器械制造	3586	更名，原3586被分解，部分内容调出
		521	工业自动控制系统装置制造	4011	其他医疗设备及器械制造	3589	内容变更，原3586调出内容增加至此类
		522	电工仪器仪表制造	4012	（二）仪器仪表制造		新增，原中类部分内容调至此中类
		523	绘图、计算及测量仪器制造	4013	工业自动控制系统装置制造	4011	
		524	实验分析仪器制造	4014	电工仪器仪表制造	4012	
		525	试验机制造	4015	绘图、计算及测量仪器制造	4013	
		526	供应用仪器仪表制造	4016	实验分析仪器制造	4014	
		527	其他通用仪器制造	4019	试验机制造	4015	
	53		专用仪器仪表制造	4021	供应用仪表及其他通用仪器制造	4019	新增，将原4019分解
		531	环境监测专用仪器仪表制造	4022	供应用仪表及其他通用仪器制造	4019	新增，将原4019分解
		532	运输设备及生产用计数仪表制造	4023	（二）仪器仪表制造		新增，原中类部分内容调至此中类
		533	导航、测绘、气象及海洋专用仪器制造	4024	环境监测专用仪器仪表制造	4021	
		534	农林牧渔专用仪器仪表制造	4025	运输设备及生产用计数仪表制造	4022	
		535	地质勘探和地震专用仪器制造	4026	导航、气象及海洋专用仪器制造	4023	更名
		536	教学专用仪器制造	4027	农林牧渔专用仪器仪表制造	4024	
		537	核子及核辐射测量仪器制造	4028	地质勘探和地震专用仪器制造	4025	
		538	电子测量仪器制造	4029	教学专用仪器制造	4026	
		539	其他专用仪器制造	4040	核子及核辐射测量仪器制造	4027	
	54	540	光学仪器制造	4090	电子测量仪器制造	4028	

续表

2017年新标准				行业分类代码（2017）	2013年旧标准	行业分类代码（2013）	简要说明
大类	中类	小类	名称		名称		
	55	550	其他仪器仪表制造业		其他专用仪器制造	4029	
6			**信息化学品制造业**		光学仪器制造	4041	新增中类
	61		信息化学品制造		其他仪器仪表制造业	4090	新增中类
		611	文化用信息化学品制造	2664	**六、信息化学品制造业**		
		612	医学生产用信息化学品制造	2665	（一）信息化学品制造	2664	
					（一）信息化学品制造	2664	新增，将原2664分解
					（一）信息化学品制造	2664	新增，将原2664分解

附录 3

主要指标解释

研究与试验发展(R&D) 指在科学技术领域，为增加知识总量，以及运用这些知识去创造新的应用进行的系统的创造性的活动，包括基础研究、应用研究、试验发展三类活动。国际上通常采用 R&D 活动的规模和强度指标反映一国的科技实力和核心竞争力。

R&D 人员 指参与研究与试验发展项目研究、管理和辅助工作的人员，包括项目(课题)组人员，企业科技行政管理人员和直接为项目(课题)活动提供服务的辅助人员。反映投入从事拥有自主知识产权的研究开发活动的人力规模。

R&D 人员全时当量 指全时人员数加非全时人员按工作量折算为全时人员数的总和。例如：有两个全时人员和三个非全时人员(工作时间分别为 20%、30%和 70%)，则全时当量为 2+0.2+0.3+0.7=3.2 人年。为国际上比较科技人力投入而制定的可比指标。

R&D 经费内部支出 指调查单位用于内部开展 R&D 活动（基础研究、应用研究和试验发展）的实际支出。包括用于 R&D 项目（课题）活动的直接支出，以及间接用于 R&D 活动的管理费、服务费、与 R&D 有关的基本建设支出以及外协加工费等。不包括生产性活动支出、归还贷款支出以及与外单位合作或委托外单位进行 R&D 活动而转拨给对方的经费支出。

R&D 经费支出中政府资金 指 R&D 经费内部支出中来自各级政府部门的各类资金，包括财政科学技术拨款、科学基金、教育等部门事业费以及政府部门预算外资金的实际支出。

R&D 经费支出中企业资金 指 R&D 经费内部支出中来自本企业的自有资金和接受其他企业委托而获得的经费，以及科研院所、高校等事业单位从企业获得的资金的实际支出。

R&D 项目数 指在当年立项并开展研究工作、以前年份立项仍继续进行研究的研发项目（课题）数，包括当年完成和年内研究工作已告失败的研发项目（课题），但不包括委托外单位进行的研发项目（课题）数。

R&D 项目人员全时当量 指实际参加研发项目（课题）活动人员折合的全时当量。

R&D 项目经费支出 指调查单位内部在报告年度进行研发项目（课题）研究和试制等的实际支出。包括劳务费、其他日常支出、固定资产购建费、外协加工费等，不包括委托或与外单位合作进行项目（课题）研究而拨付给对方使用的经费。

新产品销售收入 指报告期企业销售新产品实现的销售收入。新产品是指采用新技术原理、新设计构思研制、生产的全新产品，或在结构、材质、工艺等某一方面比原有产品有明显改进，从而显著提高了产品性能或扩大了使用功能的产品。既包括经政府有关部门认定并在有效期内的新产品，也包括企业自行研制开发，未经政府有关部门认定，从投产之日起一年之内的新产品。

技术改造经费支出 指报告期内企业进行技术改造而发生的费用支出。技术改造指企业在坚持科技进步的前提下，将科技成果应用于生产的各个领域（产品、设备、工艺等），用先进工艺、设备代替落后工艺、设备，实现以内涵为主的扩大再生产，从而提高产品质量、促进产品更新换代、节约能源、降低消耗，全面提高综合经济效益。

购买境内技术经费支出 指报告期内企业购买境内其他单位科技成果的经费支出。包括购买产品设计、工艺流程、图纸、配方、专利、技术诀窍及设备的费用支出。

引进境外技术经费支出 指报告期内企业用于购买国外或港澳台技术的费用支出，包括产品设计、工艺流程、图纸、配方、专利等技术资料的费用支出，以及购买设备、仪器、样机和样件等的费用支出。

引进境外技术的消化吸收经费支出 指报告期内企业引进国外或港澳台技术的消化吸收经费支出。引进技术的消化吸收指对引进技术的掌握、应用、复制而开展的工作，以及在此基础上的创新。引进技术的消化吸收经费支出包括：人员培训费、测绘费、参加消化吸收人员的工资、工装、工艺开发费、必备的配套设备费、翻版费等。